中学语文名师研究

主　编　李志云
副主编　曹春莲　滕　达　王随仁
　　　　魏　娟　肖独伊

华中师范大学出版社

新出图证（鄂）字 10 号

图书在版编目（CIP）数据

中学语文名师研究/李志云主编. —武汉：华中师范大学出版社，2021.8（2025.1 重印）

ISBN 978-7-5622-9451-1

Ⅰ.①中…　Ⅱ.①李…　Ⅲ.①中学语文课—教学研究　Ⅳ.①G633.302

中国版本图书馆 CIP 数据核字（2021）第 100679 号

中学语文名师研究

© 李志云　主编

责任编辑：鲁　丽　　**责任校对**：骆　宏　　**封面设计**：胡　灿

编辑室：高等教育分社　　**电话**：027-67867364

出版发行：华中师范大学出版社　　**社址**：湖北省武汉市洪山区珞喻路 152 号

电话：027-67861549（发行部）

网址：http://press.ccnu.edu.cn　　**电子邮箱**：press@mail.ccnu.edu.cn

印刷：武汉兴和彩色印务有限公司　　**督印**：刘　敏

字数：205 千字

开本：710 mm×1000 mm　1/16　　**印张**：12.75

版次：2021 年 8 月第 1 版　　**印次**：2025 年 1 月第 3 次印刷

定价：38.00 元

欢迎上网查询、购书

前　言

语文教学改革不仅要有前沿的学科理论支撑，也要有一线语文教师的实践与探索。正是由于众多一线语文教师的亲历躬行，语文教学改革才掀起一轮又一轮的浪潮，而那些志坚、德高与睿智者最终有幸成为语文名师，成为所处时代教学改革擎举大旗者，并为其他践行者指明方向、树立标杆。新时期以来，语文教海里涌现出于漪、钱梦龙、魏书生、李镇西、程红兵、韩军等众多中学语文名师。他们辛勤耕耘，努力探索，促进了成熟的教学理论与实践体系的产生，并对同时代的语文教学产生深远影响。研究这些语文名师，可使我们了解新时期语文教学改革的发展历程，总结各个阶段产生的有益经验，为当下的语文教学改革提供有益的启示。

中学语文名师的出现可以追溯到 20 世纪二三十年代，叶圣陶、朱自清、夏丏尊等老一辈语文名师为我们留下了宝贵的遗产，他们可以称得上第一代语文名师。虽然时隔一个世纪，但当下的教学改革仍需以他们的教学实践与理论为基础。作为一门学习中学语文名师的入门教材，本应当追本溯源，探讨不同时期语文名师的教育思想，但由于篇幅限制，本教材只能探讨新时期以来的部分语文名师，希望以此窥探全局。虽然有些牵强，但本书所选中学语文名师基本代表了他们各自所处时代中学语文教学的最高水平，体现了他们各自所处时代中学语文教学的最典型特征。以于漪、钱梦龙、魏书生为代表的新时期第一代中学语文名师在改革开放后的几十年里具有深远影响；以李镇西、余映潮、程红兵等为代表的第二代中学语文名师则将语文教学改革推进到新的阶段，影响到 21 世纪以来的新课程改革，直至今天仍在发挥着重要作用；今天，以熊芳芳、王君、董一菲等为代表的新生代中学语文名师正站在语文教学改革的最前沿，为当下的语文教学做出大胆尝试。研究这些语文名师的教学观念与教学实践，可使我们探寻新时期以来中学语文教学改革的踪迹，总结经验，启示未来。

《中学语文名师研究》一书的编著，得到了湖北工程学院的大力支持。2018年，湖北工程学院文学院汉语言文学专业获批湖北省“荆楚卓越教师协同育人计划”项目。此项目旨在支持高校与地方中学协同培养新时代语文良师，促进高校师范生培养与中学一线教师发展的共赢。本着此理念，湖北工程学院文学院与几位一线教师展开密切合作，共同编写了《1+X语文深度学习方案》（八上）等教学参考资料，共同录制了“中学语文名师研究”在线课程。其中，“中学语文名师研究”在线课程已经在优课联盟平台成功上线，本书是该课程的配套教材。

本教材共分十五讲。第一、二讲总体介绍语文名师的内涵、特征以及如何向语文名师学习；第三至十三讲分别介绍新时期以来的十一位语文名师，先对各个名师进行简介，然后介绍其主要教学思想与方法，并结合具体案例进行研讨，以便理论与实践相结合，使读者能方便地了解与学习语文名师；第十四、十五讲从教学流派上总体梳理众多中学语文名师的教学特征。尽管介绍的名师不多，但具有代表性，并从整体上进行了梳理，由点到面，基本能反映新时期中学语文名师的总体现状。

学习中学语文名师，必须认真领会中学语文名师的具体理论，学习其具体教学方法，并能结合当下语文教学改革的现状进行反思。语文教学改革是所有教学改革中走在最前沿的改革，是理论与实践成果发展最快的教学改革。每一个时期的中学语文名师的教学都有其时代的适恰性，所以学习名师并不能完全照搬，而应该具有反思与批判精神，吸收与扬弃并举。限于教材篇幅，本教材所涉及的范围有限，对各个名师的研讨也仅能起到引导与推介的作用。要想深入了解各个名师还需要借助更丰富的资料，付出更多努力，以探寻得更深、更广。本书作为一本针对师范生与新教师的教学引领之作，也不失为一个很好的教材选择。

编　者

2021年4月

目　　录

第一讲　什么是名师

一、学习目标

（1）理解名师的概念，懂得名师的特点。

（2）树立学习名师的正确观念。

（3）总体认识新时期三代语文名师。

二、理论视野

（一）什么是名师?

所谓名师，就是知名度高的教师，即因为工作出色、教育效果好，在其所在的地区和系统中，为同仁所熟知，为学生所欢迎，为社会所认可，有相当的名气和威望。例如，优秀教师、特级教师、教育专家等，都可以称为名师。名师是一种积极的社会评价，是人们对教师工作的肯定和褒奖。名师的知名度是其德、识、才、学、绩等方面总体的反映，或者是某些方面的独特优势的集中反映，或者是杰出的教研成绩的体现，或者是优异的教学风格的显示，或者是突出的教育成就的结晶，或者是超群的人格的凝聚。那么，中学语文名师就是那些在中学语文教育教学领域取得了突出成就，有相当名气和威望的老师。本书主要讨论中学语文名师。

自 20 世纪语文学科诞生，在其百年发展历史上涌现出众多的语文名师。他们有的在教学实践中形成了独特的教育教学方法，如于漪、魏书生、钱梦龙、韩军、李镇西、程翔、宁鸿彬等；有的在语文教育理论研究方面做出了卓越贡献，老一辈如叶圣陶、朱自清、夏丏尊等，当代如朱绍禹、刘国正、顾黄初、洪宗礼等。此外，还有全国或者省市自然涌现或者评选的各类优秀教师、特级教师，他们如繁星闪耀在语文教育的天空，放射出最美的语文之光。

作为名师，他们一般具备这样一些特点：

一是行为的垂范性。学高为师，身正为范，作为一般的教师尚且应该如此，作为名师更应该成为广泛传颂的模范，成为学生的楷模、同行的榜样。对于学生来说，他们不仅是“经师”，更是“人师”，他们的举止风范、人格力量，将影响学生一辈子；对于同行来说，他们的行为所体现的先进教育观、学生观、教师观，具有榜样的力量。语文名师不仅需要辛苦的付出，还需要具备先进的教育教学观念，并结合自己的教学实际形成独具特色的教学方法，能在更多的语文教师的教学中推广和实施，起到领头人与榜样的作用。

二是发展的时代性。语文名师的教育教学思想应该是先进的，最能代表所处时代语文教育教学的水平与高度，是一个时代语文教育发展成就的代表和体现。由于语文教学一直处在不断的变化与发展中，不同时代背景下的语文教育教学要求与水平都不一样，对于不同时代的语文名师来说，其教育教学理念与方法都有与其所处时代的适切度。某一个时期的语文名师的教学经验可能并不适用于所有时期的语文教学实际，但却最为典型地反映了这一时期人们对于语文教学的规律探索的现状与水平。例如，魏书生、钱梦龙等人的教育方法曾经被当代许多人所批评。人们曾批评魏书生的知识树教学强调了死记硬背，人们也曾批评钱梦龙的“三主四式”方法过于强调老师的主导性，也过于强调训练的机械化。但是站在他们所处的时代，他们的教育方法却有着典型的代表性，反映了语文教育时代的水平与现状。

三是程度的层次性。名师的知名度是不一样的，它由名师自身的成就与影响所决定，成就越高，影响越大，知名度就越高。有在全国都具影响的语文名师，如于漪、魏书生、钱梦龙、李镇西、韩军等，在全国范围内都得到认可和超高的评价；也有在某一个省、市或地区有广泛影响的语文名师，如各地纷纷建立语文名师工作室，其中的许多名师都是在当地有重要影响和杰出成绩的语文老师；为了鼓励更多的语文老师不断努力，许多地方的教育局、学校也在本系统和范围内评选自己的语文名师。这几种类型的语文名师呈现出一定的层次性。

四是形成的自然性。由于名师既不是职务，也不是职称，仅是一定知名度的反映，所以一般是在学校内、社会上的一定范围内自然形成的，人们较为一致的、积极的看法和正面的舆论，而不是经过某些机关的评审与命名。近些年，各级教育部门也都在开展评选、任命名师的活动，但评选的依据主要还是其影响力以及教学科研的成果、业绩。所以名师的成长是离不开长期的语文教育教学实践的，是与其语文教育教学实践相伴而生的。

（二）为什么研究语文名师？

研究语文名师，一是深化教育改革的需要。刘国正先生说过这样一段话："语文教学改革的进一步深化以及长远的发展，靠什么？借鉴外来的东西是必要的，但由于语文教育的特质，主要应该靠自己：一是靠本国的语文教育大家的理论指导，再是靠从实践中产生的优秀的教学经验和教育思想。两者如鸟之两翼，两翼一齐扇动起来，改革语文教育迟滞的步伐，是大有希望的。"只有将教育家的理论指导和教育实践者的实践相结合才能有教育的进步。一方面，语文教育理论从语文教育实践中产生；另一方面，语文教育理论需要语文名师的践行。语文教育理论家对语文教学的探讨很多仅停留在理论层面，而没有在语文教学实践中得到检验。语文名师作为语文教育的先行者、领路者，其超出一般语文教师的敏锐眼光、教学智慧与理论视野会帮助他们在教学改革中率先践行先进的教育理论与思想。作为深化语文教育改革的主体之一，语文名师还是理论研究与教育实践之间的桥梁。

二是探寻教学规律的需要。语文教学的变革和发展、更新与创造，在每一个时期，每一个行程无不展示着广大语文教师，特别是那些语文名师，在颠覆和重构中的教学智慧。尽管应试文化的喧嚣干扰着教学心灵的净化，语文课程改革也曾出现困惑、不知所措的教学状态，但不少语文名师在语文课程改革的第一线仍然痴心探求着教学的真义，守护着一颗纯美的教学之心，在探索实践中执着于生命的投注，力图在语文世界里将智慧的美丽写透。如新时期以来三代语文名师都具有开放的意识、开放的情怀、开放的视野、开放的思维和开放的境界。于漪、钱梦龙、魏书生等老一辈语文名师，注重教学主体的新鲜思想和教学新秩序，强调以新的思维方式与认识角度去透视语文教学现象和语文课程改革活动；韩军、程红兵、赵谦翔、李镇西等中生代语文名师，以教学实践探索的方式追问着语文教学活动和语文课程改革过程的人文价值，赋予语文教学与课程改革活动新的存在意义；以董一菲、熊芳芳、王君、余党绪、史建筑等为代表的新生代名师，善于从生命体验的感觉和教学个性的追求出发进行语文教学探索，在各自的教学实践中谱写了美丽的语文教学智慧新篇章。

三是产生榜样激励效应。名师既是传授学业的优秀的“经师”，又是言传身教的理想的“人师”。他们对教育事业有高度的责任感，教学上有高超的教育艺术，深受学生与同行的敬仰与信赖，他们的举止神态、行为习惯、兴趣作为、教学风格都会对学生与同仁产生影响。如古代的孔子、孟子、朱熹等，近代的梁启超、蔡元培、鲁迅等，现代的陶行知、叶圣陶等，当代的于漪、钱梦龙、魏书生等，他们在教育领域取得的创造性成就惠及后代，他们的社会影响、榜样效应历久不衰。

四是为青年教师学习名师提供路径。青年教师在成长的过程中需要有指导者、引路人。这些引路人可以是身边的老教师、优秀教师，也可以是已经取得重大成就的具有广泛影响的各级名师。名师经过长期探索形成的教学经验，包括教学方法、教学模式可以成为青年教师效法的对象，名师的教学案例可以对青年教师起到直接的启示作用。对名师的效法不仅可以改变青年教师在从教初始阶段无所适从的局面，也可以使青年教师的成长具有高水平的起点。研究名师，可以使名师的教育理念与方法更为清晰，更为易学易得。

（三）新时期三代中学语文名师

1. 第一代中学语文名师

在新中国成立至 1978 年的近 30 年时间里，吕叔湘先生对中小学语文教学一言以蔽之：“少、慢、差、费。”20 世纪 70 年代末、80 年代初，经历过“文革”的一代语文教师，自觉地以“语文工具论”思想拨开语文教育的云翳。十余年间，中小学语文课堂教学改革可谓千帆竞发、浪涌波推。特定的时势造就了新时期第一代中学语文名师。其中，产生深远影响的有于漪、钱梦龙、欧阳代娜、洪镇涛、宁鸿彬、章熊、潘凤湘、张孝纯等。新时期第一代语文名师具有如下特点：

首先，强调“双基教学”，重视学生思维能力的培养和智力的开发，凸显学生的主体地位，注重启发式教学，致力于学生自学能力的培养。他们从切实提高课堂教学的效率与质量入手，由教师中心到学生中心，由重教到重学，由重知识到重能力、重智力，由接受和理解到建构和发现，由偏重课内到兼重课内外，成为当时最主流的理论话语。

其次，以语文课堂教学结构的改革为重点，将自己对课堂教学目标、过程、方法的整体理解外化为课堂教学结构的安排、程序的预设乃至模式的构建。“几步几式”的模式总结成为20世纪80年代中小学语文教研的表述套路，如上海育才中学创造的八字教学法（八字，即读读—议议—练练—讲讲）。还有江西南昌二中特级教师潘凤湘总结的八步教学法，钱梦龙提出的三主四式语文导读法，魏书生总结的课堂教学六步法，等等，不一而足。

再次，名师们极其重视文本导读，重视对文本的原意理解，重视对文本语言文字的品味。他们不仅对教材文本有着相当的理解深度，更重要的是，他们往往以一种出人意料的解读方式为学生进入文本世界找到最有效的入口和最便捷的路径。例如，钱梦龙关于《愚公移山》的教学案例堪称导读的经典。为了让学生切实理解文本内容，掌握文言文基础知识，发展文言文阅读的基本能力，培养学生的智力品质，钱梦龙的教学设计可谓苦心孤诣。阐释文本原意，理解愚公精神，构成他整个教学的价值取向。为此，他预设了一整套解读文本的程序与一系列进入文本的路径。

最后，始终关注学生在课堂上的心理需求，在教学细节上精雕细刻。一堂课究竟如何导入新课，如何创设情境，如何设置启发式问题，如何调控课堂教学节奏，如何做到精讲巧练，如何锤炼教师的教学语言，甚至如何设计板书，如何布置课外作业，等等，都成为新时期第一代中学语文名师自我修炼的“项目”。

新时期第一代中学语文名师也有其历史局限性：

一是他们自身在教育理论、课程理论、教学理论等方面的视野都还比较狭窄，“就课堂看课堂”的研究方式与言说方式还比较普遍。其教改探索，大多属于顺应型的，即多以承认教学大纲与教材的合理性为前提。其变革多停留在自己能够掌控的课堂上，而较少涉及对教学大纲的质疑，对于一些形而上的理论问题则普遍采取悬置的态度，对影响中小学语文教学发展的一些前提性问题似乎缺乏深究的兴趣与激情。

二是从课堂教学看，其导读程序与导读方式都源自教师的预设，带有很强的控制性，因此，很难说这种课堂在本质上是开放的。说到底，课堂教学过程中越是导读得巧妙，教师对课堂的控制力越强大。

2. 第二代中学语文名师

第二代中学语文名师大多生于20世纪五六十年代。其中，至今仍具有全国影响的当推余映潮、程红兵、李镇西、韩军、赵谦翔、程翔、程少堂、陈军、胡明道等等。

第二代中学语文名师具有强烈的反思精神。从整体上观察，他们的反思精神集中表现为以语文教育中的“人文精神”来反击新时期以来语文教学中的“科学主义”倾向。20世纪90年代初，上海的陈钟梁先生率先提出语文教育的“人文性”问题。当时，还在江西上饶的青年教师程红兵即站在“发展人”的立场上，对魏书生先生提出的“科学化”策略提出质疑。此后，山东的韩军老师也明确提出要“限制科学主义，弘扬人文精神”。

第二代中学语文名师的语文探索除了关注课堂之外，已将思维的空间拓展到前提性问题上。他们试图摆脱长期以来的“语文工具论”之话语定式，跳出狭隘的语文训练空间，将语文的言说融入“人的成长”“生命的尊严”“人格与个性”等教育话语之中。较之第一代名师，他们更自觉地阅读思想史与哲学史，也更自觉地表现出对语文问题的学理追问。

他们自觉学习第一代语文名师在文本导读上的精湛艺术，以教学目标为鹄的，注重文本导读的角度选择与方式设定，突出教学重点，重视教学内容的重组、引申、拓展和语文能力的迁移、应用与超越，特别注意紧扣语言和结构这两大文本要素，“入乎其内，出乎其外”。如洪镇涛在教《天上的街市》时，不厌其烦地通过换词、换句等方式引导学生反复比较、揣摩语言，如将“天上的明星现了”中的“现了”换成“亮了”，可不可以？将“定然是不甚宽广”改成“定然是很狭窄”好不好？又如韩军在教《大堰河——我的保姆》时，总是故意改动诗句，让学生在比较中明白诗歌语言内涵之丰富，加深学生对修饰语的理解、对诗中有悖生活逻辑之处的理解等等。

与第一代中学语文名师相比，第二代中学语文名师尽管有着更强的课程与教学的理论意识，但富有学理的理论成果依然缺乏。他们的课堂，或许在强调预设的同时体现出一定的生成性与开放性，但是并没有从根本上改变预设与控制的本质。在文本导读艺术上，他们并未超越第一代语文名师所达到的高度，也没有突破第一代语文名师固有的导读范式。

3. 第三代中学语文名师

伴随着新一轮的课程改革浪潮，大量从西方移植而来的课程观念、教学观念以一种崭新的面貌出现在人们的视野，一些新的观点与命题挑战着人们的固有思维。具体到中小学语文教学中，传统的师生关系观、文本解读观、教学目标观、价值观、过程观、方法观等都发生了巨大的变化。这时，第三代中学语文名师应运而生，主要代表有董一菲、熊芳芳、王君、郭初阳、史建筑、余党绪等等。

在师生关系上，“主导—主体说”逐渐被扬弃，取而代之的是“双主体说”，特别强调教师是“平等中的首席”。在文本解读上，认为文本的意义不仅只是原意，读者也不是简单地接收文本，而是参与着文本意义的建构。因此，文本解读的过程不只是原意理解的过程，更是意义建构的过程。文本意义不是作者赋予的，而是作者与读者共谋的结果。文本解读不再是“一元解读”，而是“多元解读”。在教学目标上，传统的“知识—能力—智力”的话语方式被抛弃，而代之以“知识与能力、过程与方法、情感态度和价值观”等三维结构。从教学价值上看，教学不再重视知识系统的严密性，而看重心灵体验的丰富性；从教学过程来看，在承认教学预设性的同时，突出教学的生成性。在教学方法上，主张参与、合作、探究的学习方式，要求以主动的、发现式的学习方式取代被动的、接受式的学习方式。

与第二代中学语文名师相比，第三代中学语文名师有着特立独行的气质，坚持读书，在语文教学上拥有自己的独立见解。在文本解读上，他们似乎更加关注学生对文本的个性化理解，尊重学生的阅读感受，试图以建构主义的文本阅读观取代传统的文本观。他们娴熟地运用多媒体课件教学，擅长在课堂上引发观点争鸣和思想碰撞，注重思想的深度与人格的独立性。第三代中学语文名师的最大特点是受到现代西方文本观念的深刻影响，以一种颠覆的态度来对待传统的文本解读，体现出鲜明的“后现代”色彩。

对于新时期三代中学语文名师的比较与讨论，至今还有一些争议。我们不应简单评价名师们的优劣，而应该站在时代的角度多维度审视。

三、课后实践任务

（1）搜索中学语文名师的相关资料，了解这些语文名师的主要教学观念与教学案例。

（2）你认为本书对新时期三代中学语文名师的划分是否合理？还可以有其他划分方法吗？

（撰稿：李志云）

第二讲　如何学习中学语文名师

一、学习目标

（1）理解学习中学语文名师的基本路径。
（2）学习中学语文名师的精神品质。
（3）掌握学习中学语文名师的方法。

二、理论视野

如何学习中学语文名师呢？可以从以下三个方面入手：

（一）受教于中学语文名师的成长道路

从一名新手成长为一名教学能手，最后变成名师，需要走过很长的道路，其间还可能走一些弯路。学习中学语文名师，可以从其成长道路中得到启发。这样，我们可以少走弯路，成长得更快。

首先，需从普通教师开始历练。任何一位名师都不是一蹴而就的，而是经过了从新手到熟手，再到能手，最后到教学名师的长期历练过程。达到名师的要求，不仅需要熟练的教学方法，还要有过人的教学智慧；不仅要有渊博的学识，还要有高瞻远瞩的教育视野；不仅需要具备专业素养、职业道德，还需要有对语文教育事业的热爱和无私奉献的精神。这些素质与品德的形成需要长期历练，逐步发展，其间还会遇到各种挫折、各种打击，只有经历了各种不顺与挫折才会有对语文教育事业更深刻的认识。如于漪老师刚上讲台时希望能得到老教师的“金口玉言”，哪知得到的评价是：“语文教学的大门在哪儿你还不知道，人物形象分析是这样贴标签的吗?”这使她犹如五雷轰顶，自己竟然连语文教学的大门都不知道在哪儿！于漪老师在成长为名师的过程中也遇到了各种挫折与打击，经历了学识不足、经验缺乏、疾病缠身等困难，但她都努力地克服了。经过了几十年的辛苦付出，她的工作才逐渐被社会认可，才获得后来人人羡慕的名望、成就。1978 年于漪老师被评为特级教师时，已经是她走上讲台二三十年之后的事情了。很多名师在初步走上讲台时都面临着类似的困难。很多人的起点都很低，甚至有的人还没有受到过专业训练，但是长期的坚持与努力，不断前进的信念的支撑，使他们最终由一个平凡的语文教师成长为语文名师。了解语文名师们成长的道路，可以使我们从中受到很多启迪。

其次，学习语文名师的教育探索与创新实践。名师在成长的过程中需要有探索与创新的精神。由于社会与时代的发展变化，语文教学也处在不断的发展与变化中，面对新的教育科技革新，面对一轮又一轮的课程改革，名师需要做教学改革的排头兵，需要对语文教学面临的实际问题做出实践探索。如果仅仅停留在被动和顺应接受的层面，而不主动做教学的反思，不大胆地改革与创新，便不会走在教学改革的前沿，也难以形成自己的教学特色，更难以在实践中做出自己的最大贡献。要想成为名师，不仅要做一名教学的执行者，还要做教学的反思者、研究者、探索者。语文名师们或是在教学方法上，或是从教学观念上、教材与课程开发等各个方面做出改革探索，终至取得重大成就。第一代中学语文名师能从教学方法改革入手，大胆探索提高语文教学效率的路径。例如，于漪老师认识到原有教学方法对学生主体性忽略的现状，在“胸中有书，目中有人”八个字上下功夫，在尊重学生的学习权利方面大胆尝试，提高了学生的学习积极性，提高了教学效率。第二代中学语文名师具有更强烈的反思精神。他们正处在改革开放进一步深入的时期，在深刻的历史反思和痛苦的现实观照的背景下，他们生逢其时，种种反思的声音都在他们的心灵世界里激起最强烈的回应。当时对汉语研究的人文呼唤和人文知识分子关于人文精神的寻思深刻地影响着第二代语文名师。第二代语文名师以一种人文忧思的姿态走进人们的视界，他们在教学中的大胆反思与实践探索使他们能站在时代的前列，做语文教学改革的引路人，为语文教育事业的发展做出了卓越的贡献。

最后，要不断总结教学方法与教学经验。语文名师在实践中探索出了自己独特的教学方法，也形成了自己的教育理念。这些既得益于他们渊博的知识、熟练的教学技能，也得益于他们超出旁人的眼光和视野、突出的教育智慧，更得益于他们在教育实践中的教学反思、经验总结与理论提升，乃至于上升到教育理论的高度，形成自己的教育教学观。例如，钱梦龙总结出“导读式教学法”，韩军提出了“新语文教育观”，赵谦翔提出了“绿色语文观”，李镇西提出了“语文民主教育观”，程红兵提出了“语文人格教育观”，等等。这些教学方法与教学观念是这些语文名师多年心血的结晶，也奠定了他们在当代中学语文教学领域的重要地位。当然，成为一位名师并非一定要使自己的教学方法形成某种教育理论，但在教学过程中一定要有自己的独立思想。

（二）学习中学语文名师的精神与品质

作为一名中学语文名师，以下精神与品质是他们的共性：

1. 热爱学生，忠诚事业

对语文教育事业的热爱是每一位语文教师的必备品质，也是每一位语文名师的事业之本。没有对语文教育事业的热爱，就不可能有对语文事业的付出，也就不会有名师的成长。于漪老师将自己的毕生都献给了语文教育，她践行了自己的红烛精神——“红烛呀！流吧！你怎能不流呢？请将你的脂膏，不息地流向人间，培出蕴藉的花儿，结成快乐的果子。”李镇西老师把教育当诗来写，后来发现，教育本身就是一首诗；他用笔记录生命的流程，几十年如一日地书写教育手记，凝成了《爱心与教育》的最美篇章；他凭借自己对语文教育的热爱，从教育浪漫主义走向教育现实主义，直至走向教育理想主义。

2. 甘于平凡，不甘平庸

成为名师是教师一辈子的骄傲，但并不是每位教师的最终目的。名师都出自教学的第一线，他们首先在自己的岗位上辛勤工作，不计名利，默默付出。他们甘于平凡，但绝不甘于平庸，他们在平凡的岗位上做出了不平凡的成绩。例如，赵谦翔先是放弃从政的机会，后又放弃改行赚大钱的机会——出国做翻译。他始终固守清贫，不放弃自己坚守二十多年的教育事业。

3. 执着追求，坚持不懈

在追求自己教育理想的过程中，每一位语文教师都会遇到各种挫折与困难，还会遭受各种各样的失败与打击，也会在心理上经受各种煎熬，如果没有执着与坚持不懈的精神，是难以一路走下来的。程红兵在初尝写作论文的甜头后，写就了许多文章，然而一年之内，一文未发，但他仍然固执地写下去，不断地投稿出去，终于在一年之后文章见刊。钱梦龙从青年时期探索基本式——自读式、教读式、练习式，再到“三主”主张的半生求索的顿悟，最后到导读法理论的形成，毕生的精力都放在对语文教学坚持不懈地探索上。

4. 注重反思，勤于思索

名师的成长需要具备反思精神。没有反思精神，语文教师往往会陷入“教书匠”的困境。教学是一门艺术，只有在不断的反思中才能逐渐触摸到语文教学的真谛。只有从每一节课下来的教学后记，到坚持写教学反思、教学手记，再到理论高度上的思考，语文教学才能一步一步地走上新的台阶。

5. 善于学习，与时俱进

由于时代的发展与要求，语文教学面临一轮又一轮的教育改革，语文也成为当前教育改革中最为热闹、变化最为频繁的领域。各种新的教学方法、教学模式、教学理念与思想常常让人应接不暇。语文教师如果始终停留在老的观念与思想上便可能被时代淘汰，更谈不上成为语文名师。即使是已经小有成就的优秀教师甚至现有的名师，也必须善于学习，与时俱进。三代中学语文名师中，第一代中学语文名师主要活跃于20世纪七八十年代，其教学方法与教学观念对于解决当时语文教学效率低下、改变语文教学死气沉沉的局面的确起到了重要的作用。但是进入90年代以后，特别是人文主义思潮影响到语文教学以后，第一代中学语文名师中很多人被冠以“科学主义”“技术主义”“工具主义”的帽子，受到批评甚至指责。例如，《教师之友》杂志2004年第1期刊发了三篇文章：《魏书生：技术主义与权威人格的末路》《于漪：一个曾经的偶像》《钱梦龙：方格之内的圆融》，新生代教师对三大语文名师提出了质疑。而第二代中学语文名师也仍然被许多后来者批评。正是在这些批评声中，名师们在逐渐地适应新形势、新思想，不断完善自己的教学方法，更新自己的教学观念。

（三）学习中学语文名师的课堂教学

1. 学习和研究中学语文名师的教学案例

汉语言文学专业师范生，以及刚走上讲台的语文教学新手，在初上讲台时常会面临无所适从的局面。从课前备课到课堂教学，教学新手都需要有最为直接的模仿对象，中学语文名师的教学案例详细记载与真实再现了名师们上课的现场情景。从文本导入到课堂引导，从教态养成到教学语言的表达，从教师的教到学生的学之间关系的处理，全方位体现了教学过程的各个环节，为教学新手提供了很好的效法与借鉴对象。

语文名师的教学案例具体体现了语文名师的教学方法、教学理念以及教学智慧，研究这些案例可以使语文名师的教学经验更为清晰、具象化，以便于我们更好地学习这些方法的具体运用，更好地掌握具体方法与具体教学情境的结合之道。当然，模仿语文名师的教学案例并非完全照搬名师的课堂教学，而是体会其背后的教学原理，活学活用。

中学语文名师一般都有公开课记载，包括视频录像、文字实录，还有专家点评的案例分析。例如，由刘远主编的综合性案例集《语文名师经典课堂》，里面收录有于漪、钱梦龙、余映潮等百余位名师的经典课例；由顾之川等编著的《名师语文课》，包括全国语文特级教师、名师的优质课教学设计，课堂实录及教学反思，以及教育专家结合当下的课程标准、课改理念撰写的课例评议；由陶继新主编的《智慧、教法、感悟：中语名师课堂教学集锦》收集了第八届名家人文教育高端论坛暨名师课堂研讨会诸多名家的课堂教学案例。再如单个名师的案例集，如《余映潮中学语文精品阅读课教学实录》《这样教语文：余映潮创新教学设计 40 篇》，收录了余映潮老师的诸多案例和评析。

由于信息技术的发展，当下我们可以通过多种途径获得各类教学大赛、名师示范课的录像视频，这些为我们具体地学习和研究中学语文名师提供了极大的便利。

2. 融会中学语文名师的教学观念并实践其教学方法

语文名师取得的卓越成就与他们先进的教育观念与教学方法密不可分，学习名师首先要总结语文名师课堂教学的经验、规律，领会他们的教育观念与教学方法。要想领悟与掌握语文名师的教育观念与教学方法，首先可以认真钻研语文名师的课堂教学，领悟其在具体教学中对具体方法的运用。我们也可以通过专家的解读、评析领悟语文名师课堂教学的奥妙。我们还可以通过与语文名师直接的对话交流，倾听名师的报告，阅读名师的相关文章、著作等总结与彻悟名师的教学观念与方法。

先进的教学方法需要在具体的教学实践中学习和运用。这种学习和运用需要结合自己的能力实际以及教学实际逐步实施，不可全盘照搬。当下语文名师众多，不同的名师方法不一，教学观念也不同，甚至有些人的主张还有所冲突。如何选择合适的方法便是重要的课题。我们认为，没有最好的教学方法，只有最恰当的、最适合于自己的方法。许多语文名师的方法与观念产生于一定的背景与形势，有其生根开花的土壤，如果离开这个土壤随意嫁接也可能达不到预期的效果。如第一代名师注重课堂教学艺术，但对学生主体性的重视显然不如第二代或第三代名师，而第三代名师虽然更具有现代意识，但还需要具备更多的文学解读知识、文本理论，需要具有深厚的知识储备，其文本解读往往会引起争议，有时并不适合自己的教学实际。所以，我们对名师教学方法的学习还需要慎重选取、切合实际。

3. 学习中学语文名师的教学智慧

名师在长期的教学实践中积累的不仅仅是方法与观念，还有时刻泛出的智慧之光。语文教学是一门艺术，绝不仅仅是技术，也不仅仅是模式、规则、规范。名师在面对各种新问题时的态度、技巧也具有其过人之处，他们凭借敏锐的思维、厚重的积累、经验的组织，可以一一化解具体教学中的各个难题。

名师的教学智慧也表现为他们具体教学中的那些精彩的临场发挥、机智应对，那些可遇不可求的灵光一闪、火花迸射。例如，钱梦龙老师引导学生学习《愚公移山》时，对学生理解文本的巧妙引导简直出神入化；于漪老师引导学生学习《七根火柴》时对无名战士临终前遗言的体悟、朗读让人感叹和钦佩；余映潮老师在教学中无处不在的教育机智让我们仰望不止。

学习语文名师，还需要我们在长期的语文实践中积蓄力量，打下深厚的底子，培养那种无形之中却有形的教育机智，将语文教学艺术的本质特征发挥于无形之大道中。学习名师，并不是要必然成为名师。学习名师不是目的，我们的目的是从中选择或探索适合自己的教学方式与方法。

三、课后实践任务

（1）你认为中学语文名师的成长道路可以模仿吗？说说你的看法。

（2）说说最让你感动的一位中学语文名师的事迹，谈谈让你感动的原因。

（撰稿：李志云）

第三讲　于漪与情感教育

一、学习目标

（1）了解并感受于漪在语文教育领域的卓越贡献及其情感教育流派特征。

（2）学习并践行于漪注重兴趣培养和语言发展与思维发展的语文教育理念。

二、名师简介

于漪，全国首批特级教师，上海市杨浦高级中学名誉校长，曾任全国语言学会理事、全国中学语文教学研究会副会长。她长期躬耕于中学语文教学事业，坚持教文育人，推动“人文性”写入全国语文课程标准。主张教育思想和教学实践同步创新，主推上海市初级中学语文教改实验；主讲近2000节省市级以上探索性、示范性公开课，其中50多节课被公认为语文教改标志性课例；撰写《于漪语文教育论集》《于漪文集》等累计数百万字的教育著述，许多重要观点被教育部门采纳，为推动全国基础教育改革发展做出了突出贡献。基于此，于漪被誉为“精心育人的一代师表，潜心教改的一面旗帜”，荣获“全国三八红旗手”“全国先进工作者”等称号。2018年，党中央、国务院授予她“改革先锋”称号，颁授改革先锋奖章。2019年9月17日，国家主席习近平签署主席令，授予于漪“人民教育家”国家荣誉称号，于漪成为基础教育领域唯一获此殊荣者。

三、名师教育观

于漪认为：语文教育要直面于“人”，植根于“爱”，发轫于“美”，着力于“导”，作用于“心”。她以对教育的极度热爱，以其勤奋、好学、多思的探索精神，创立独树一帜的“情感教育”语文教育思想，对语文教学改革做出了重大贡献，成为基础教育领域的一面旗帜。

所谓情感教育，是指教师能够恰当地运用一些教学手段，通过调动、激发和满足学生的情感需要，从而促进教学活动积极化的过程。这种教学模式的开展有利于充分调动学生的情感因素，提高课堂效率。于漪的情感教育思想具体体现在她的语文兴趣观和语言与思维发展核心观两个方面。

（一）营造磁力效应——于漪的语文兴趣观

兴趣是最好的老师。于漪在《语文教学谈艺录》中这样说过：教师如果在语文教学中把学生学习语文的兴趣激发起来，教学就成功了一大半。这就是她的语文兴趣观。她认为，语文有它独特的引人入胜的特点，教师在教学中，要充分发挥祖国语言文字的魅力，让学生体会到文章的味儿，激发他们内在的积极性，使他们在思想、品格、情操等方面受到熏陶，在语言文字运用水平上获得提高。教语文，要紧的是把学生的心抓住，使学生产生一种孜孜不倦、锲而不舍的学习愿望。

于漪的语文兴趣观不同于前人的地方在于，她提出了语文兴趣培养的艰巨性和长期性，以及科学有效的操作策略。

她说，语文教学作为母语教学，其困难大大超过理科和其他非母语教学。比如理科，每一章节的知识都是新的，各种数学公式、物理定理、化学分子式对学生而言都有陌生感；再如英语，新的句式、各种语法规律，既有常态也有变态，不是学生能够一目了然的。因此，这些学科学习的过程是学生从不懂到懂，从未知到已知的过程，这个过程本身就会成为学习的动机，能够刺激学生的求知欲。而学习母语，即使从未学过的课文，学生看一遍似乎全懂。认知没有障碍，似乎教与不教、学与不学一个样。因此，学生很难产生学习的内驱力。要改变这种状况，光靠讲道理是行不通的，只有请出兴趣这位“老师”，唤起学生主动参与的积极性，才能从根本上走出语文教学的困境。

于漪常用以下方法激发学生对语文的兴趣：

一是践行大语文观，开展丰富多彩的语文课外活动，把学生领进语文学习的广阔天地。她曾请电影演员给学生作朗读指导并示范表演，请作家、记者谈写作经验，引领学生欣赏世界十大男高音独唱，组织学生参观美术展览。她定期举行学生自编、自演、自拉、自唱活动，她带学生在传统佳节——中秋节吟诗赏月，在秋高气爽的日子游览杭州西湖。她所教的班级里，书评小组、戏剧小组、读书小组、朗诵小组应有尽有。她将听、说、读、写、做这些语文实践活动融于一体，要求学生多读书、好读书、读好书、读整本书。

二是在课堂主阵地上力求新、趣、得、活。

新，就是教学要有新鲜感。于漪认为，中学生具有好奇好胜的心理特点。新异的刺激物能引起他们的定向探究活动，因此，组织教学时，要从学生的心理实际和学习愿望出发，采用多种方法，提供新的内容、新的知识，训练新的能力，使学生产生新鲜感。

她特别注重课堂导语，如教学朱自清的散文《春》时，导语是这样的："一提到春，我们就会感到有无限的生机，有无穷的力量！所以古往今来，很多诗人就曾经用彩笔来描绘春天美丽的景色。比如杜甫的绝句'两个黄鹂鸣翠柳，一行白鹭上青天'；王安石的'京口瓜洲一水间，钟山只隔数重山。春风又绿江南岸，明月何时照我还'。今天我们学习朱自清的这篇散文，其中写春的内容可多啦！"这个导语绘声绘色，情景交融，创设了一种联想情境，让学生感受到春光融融，一片生机。又如在语文知识"形声字"教学中，她从中国汉字数量说起："同学们，《康熙字典》里有 47035 个字，而我们日常用的汉字有几千个。许多同学有写错字的烦恼，怎样解决这个烦恼，怎样少写错别字，这节课能告诉我们一点方法。"学生的兴趣一下子被调动起来了。

趣，就是课堂要有趣味性。于漪认为，趣味性与知识性、科学性、思想性紧密相连。知识对青少年学生有巨大的吸引力，了解并熟悉学生渴求知识的心态，紧扣课文的特点，以知识的清泉浇灌，学生往往被吸引，沉浸在求知的氛围中。节奏上，课堂要张弛结合；方法上，直观演示、开拓想象、抓点拎线、形成悬念、展现意境、激发感情、讨论答辩、利用学生逆反心理等，都能使教学过程充满趣味性。如在讲授辛弃疾的《清平乐·村居》时，因为不少学生对农村生活不熟悉，对洋溢于诗中的恬淡自然的农家生活画面不易动情。于漪老师就让学生把诗人的文字白描变成线条白描，再现翁媪的音容笑貌和三个儿子的动作情态，勾勒村野景色。生活的情趣，乡村的野趣，小儿的童趣，一下子从纸上溢出来，诗的意境充分地展现出来了。

我们再来看看于漪教学朱自清的散文《背影》的一个片段。她首先展示一篇小短文：

儿子眼中的父亲

7 岁："爸爸真了不起，什么都懂！"

14 岁："好像有时候他也不对……"

20 岁："爸爸有点落伍了，他的理论和时代格格不入。"

25 岁："老头子一无所知，毫无疑问，他已陈腐不堪。"

35 岁："如果爸爸当年像我这样老练，他今天肯定是个百万富翁了。"

45 岁："我不知道是否该和老头子商量商量，或许他能帮我出出主意。"

55 岁："真可惜，爸爸去世了，说实话，他的看法相当高明。"

60 岁："可怜的爸爸，您简直是位无所不知的学者，遗憾的是，我了解您太晚了！"

接下来，于漪问学生们："看了这篇文章，你们有什么感触吗？"

一名学生说："儿子对爸爸的看法随着年龄的变化而有所不同，是他思想逐渐成熟的历程。"

另一名学生说："我明白了。有些东西，失去了才懂得它的珍贵。"

于漪肯定了他们的回答，说："确实如此，虽亲近如父子，但有些东西，只有时过境迁，才看得更明白，懂得更深刻。今天我们就走近散文《背影》，一同感受这熟悉而又陌生、清晰而又模糊的'背影'，看看朱自清先生是如何通过这一感情的聚焦点，来理解父亲、领悟父爱的。"

现代诗是初中学生比较喜欢的，《儿子眼中的父亲》是一首短小精悍的短文，反映了当代家庭最常见的父子关系。老师出示了这样一篇有趣而富含哲理的短文，让学生谈读短文的感受，学生自然有很大的兴趣。

得，就是要让学生有收获。于漪认为，教学时适当安排一定深度和难度的内容，使学生知识面得到拓展、能力得到提升，体验到克服困难的喜悦也相当重要。

活，就是追求教无定法、学无定式。于漪摒弃千课一面，常采用“巧引”“美读”“情讲”“趣溢”等多种教学手段，以保持学生持久的探索热情。如在教《社戏》时，她并没有从文章开头教起，而是从“月夜行船”这样一段极妙的描写开始，并连续发问：看到了什么？回头看到什么景象？听到了什么？仔细辨一辨有哪些声音？再侧耳听一听，管乐还是弦乐？嗅到什么？和什么味一样？远看怎样？近看怎样？而在教高尔基的《海燕》时，于漪提供沈德伦的水彩画，让学生观画想象，画意与文中的诗意相吻合。“海燕叫喊着，飞翔着，像黑色的闪电，箭一般地穿过乌云，翅膀掠起波浪的飞沫”，学习这样的精彩片段时，她要求学生想象雨前景象，推想雨后景象，想象天空和大海的变化，想象海燕的形象，使静止的画面动起来，从而让学生身临其境地在壮美的诗境中神游。

当然，这些激发兴趣的方法，全都离不开“以学生为学习主体”这样的新课程理念。在于漪老师的课堂上，学生是学习的主人。她注重在课堂教学过程中，通过开展双向、多向、往复的课堂教学活动，创设师生交融的课堂佳境。她的每一堂课都在引导学生发现问题、提出问题、研究问题、解决问题。学生能够大胆发问，正是教师经常对学生进行激励的结果。

于漪还认识到，中学阶段的青少年，感情易变，可塑性强，他们对学科的爱好往往从对老师的倾慕开始。哪门学科的老师教得好，学生的兴趣就趋向哪门学科。鉴于以上的认识，于漪认为，一旦语文教学中出现了学生冷漠的、无动于衷的局面，教师不应该一味指责学生，而是要争取以自己的人格魅力和优质教学让更多的学生热爱语文学科。

（二）培养发现者——于漪的语言与思维发展核心观

早在 1984 年，于漪就发表文章，呼吁语文教学应以语言和思维发展为学习核心，表示语言是思维的工具，没有语言就无法进行有效的思维；思维是语言的内容，没有思维就不可能有语言。思维发展和语言发展应放在同等重要的位置。

她的这种认识体现了语言的本质属性和时代要求，也与当今新课程提出的语文核心素养理念不谋而合。新课程提出，语文核心素养包括语言建构与运用、思维发展与提升、审美鉴赏与创造、文化传承与理解四个方面。其中，语言和思维发展是首要的两个方面。学生要学好语言、提高语言运用能力，必须同时提高思维能力。如《林黛玉进贾府》中有这样的句子："天下竟有这样标致的人儿！我今儿才算看见了！况且这通身的气派竟不像老祖宗的外孙女儿，竟是个嫡亲的孙女似的。怨不得老祖宗天天心里嘴里放不下。"王熙凤见到林黛玉后在贾母面前说的这番话，极尽阿谀奉承拍马之能事，贾母心中真疼爱外孙女，王熙凤投其所好，赞美林黛玉标致，讨老祖宗欢心。赞，绝非一般的称赞，而是天下绝无仅有，够意思，够分量。然而，王熙凤又生活在众多复杂的亲族关系中，王夫人、邢夫人得罪不起，众姐妹也不能怠慢，于是就有了两个"竟"字，明明是老祖宗的外孙女儿，"竟不像"；明明不是嫡亲的孙女儿，却"竟是个"，像还是不像，是还是不是，尽在不言中。一句话，把上上下下，左左右右，全部摆平，大家不仅觉得悦耳，心里也舒服。这种语言艺术令人叹为观止。让思维与语言同行，你就会发现，这语言背后是人情世故，是一种特定的人生哲学。

于漪常用三种方法训练学生的思维：

第一种，面上开花法，训练思维的敏捷性。如教学《茶花赋》，在课文学习结束后，于漪老师要求每个同学用"××赋"为篇名，托物言情，歌颂祖国。于是学生快速用流水方式作业，一个轮回从开始到结束，不过短短几分钟，训练范围遍及全体学生，而且思维有一定难度。学生在极短时间内既要扣住歌颂祖国的主题选择物象，又不能与其他同学重复。这是对课文学习效果的检验，又是对所学知识的实践和运用。心理学研究表明，几乎所有的人在智能方面都有潜力，而这种不自知的潜力在困难或紧张的场合会得到超常发挥。"急中生智"指的就是这种现象。在实际生活中不乏这方面的例子，如运动员在参赛时往往会创造出前所未有的成绩；棋手下棋时思想高度集中，就会出奇制胜；儿童游戏时会显得异常聪明；音乐家、画家在创作紧张时会产生灵感，这些其实都是潜力的发挥。这种思维训练的第二个特征是参与面广。于漪在教学实践中发现，学习困难的同学在思维方面比较疏懒，又因为疏懒而反应相对迟钝，教师有责任在课堂教学中特别注意发展他们的思维能力。面上开花的训练方式就是强迫这些懒于思考的学生进行思考，唤醒他们的思维，把他们从智力的惰性里解救出来，体现了面向全体学生的教学思想。

第二种，纵深发展法，训练思维的深刻性。巴尔扎克说：打开一切科学的钥匙都毫无疑义的是问号。于漪认为，整个教学过程实质上就是教师有步骤地启发学生生疑、质疑、解疑，再生疑、质疑、解疑的持续不断的过程，也就是学生的思维不断向纵深发展的过程。因此，她在备课时，不仅备知识，还要精心设计足以启发学生思考的问题，创设学生生疑的种种条件，促使学生深入思考，深究问题。如都德的《最后一课》，学生预习得很肤浅，于漪一上课就单刀直入地指出矛盾：《最后一课》的主人公究竟是谁？是韩麦尔先生还是小弗朗士？根据是什么？

第三种，鼓励求异法，训练思维的求异性。于漪在教学中有意识地引导学生对教材评头品足，打破学生对教材的迷信。如教学《珍珠赋》时，就大胆放手让学生各抒己见。有的学生直言不讳：建设洞庭，与大寨有什么相干？为什么几次三番把大寨扯进去？此处是闲笔。结尾的“每一颗珍珠”的句子是多余的，画蛇添足，是“帮八股”的流毒，等等。又如《谈骨气》是吴晗的代表作之一，学生认为文中对“骨气”的定义有可商榷之处。文中说“什么叫骨气，指的是抱有正确的、坚定的主张，始终如一的勇敢的为当时的进步事业服务，遭遇任何困难，都压不扁，折不弯，碰上狂风巨浪，能够顶得住，吓不倒，坚持斗争的人”。学生质疑说，“骨气”怎么会是人呢？

于漪针对学生信奉教师，师云亦云，容易重弹教师老调，成为教师代言人的现象，鼓励学生对教师的“传道授业”提出怀疑和异议，鼓励他们解放思想，独立思考，敢于否定。在一次讲授《变色龙》的公开课上，于漪设计了一个板书，将奥楚蔑洛夫多变的形象用波浪线来标示，然后以一条直线横贯波浪线，揭示其不变的谄上欺下的本质。她自认为板书高度概括了全文内容，既提纲挈领又清晰简洁。不料有学生站起来大叫："板书错了！"原来，学生认为，几个波峰浪谷之间的等距离不能准确表达主人公的内心活动，应该是距离不等，不规则，频率越来越快。当主人公知道狗是将军哥哥家的时候，巴结奉承的心情达到高峰，曲线应该把这种心情表现出来。于漪对这名学生大加表扬。她说，学生善于对教师提出异议，是教师训练学生思维能力成功的表现；学生敢于对教师提出异议，也是教师作风民主的反映。教师就是要用自己的聪明才智，帮助学生成为积极的思考者和真理的发现者。一言以蔽之："授人以鱼，仅供一饭之需；教人以渔，则终身受益无穷。"

于漪在对学生进行作文指导时，就一再告诉学生，不会写的背后是不会思，要求学生锤炼语言必须先锤炼思想。于漪强调形象思维和逻辑思维合而为一。她说，在语文教学中，对学生产生教化作用的媒介和材料主要是文学作品，它们包含着大量的以形象思维方式表达的艺术形式，具有鲜明的形象性、具体性、生动性的特点。语文教材内容的这一特点决定了语文教学与形象思维之间有一种天然的联系，语文教学中的思维训练当然应该首先指向形象思维的训练。另一方面，语文教学也要求学生从个别的特殊事例的感受中抽象出共性，从纷乱的形象中提炼出对生活本质的认识，这又是抽象思维的特点。她对学生的思维训练，是将二者水乳交融地结合起来。具体而言，就是她对学生逻辑思维的训练从来不是以抽象的刻板的方式进行的，而是在严密的逻辑推理基础上，通过形象思维的语言来进行的。如在记叙文中有逻辑思维训练渗透，在议论文中挖掘其中的审美情感因素并调动形象思维的参与，使两种思维能力始终相辅相成，并驾齐驱。

四、名师课例及点评

《驿路梨花》课堂实录

执教老师：于漪

执教时间：1983 年

执教地点：上海杨浦中学初一（1）班

师：同学们读了《驿路梨花》这篇文章后，感觉这篇记叙文最大的特点是什么？

生 1：我认为这篇文章的特点是多处设悬念，非常引人入胜。

生 2：我认为这篇文章的特点是清新曲折。

生 3：我认为这篇文章非常的朴素，给人以亲切的感觉。

生 4：我认为这篇文章的文字优美流畅。

生 5：我认为这篇文章有诗情画意。

师：刚才有同学讲这篇文章设置了许多悬念，引人入胜，请同学们讲讲这个“胜”是什么意思？

生：“胜”就是“优美的”。

师：引人入胜就是引入佳境的意思。“胜境”就是“佳境”。那么究竟怎样引人入胜呢？文章一下笔就很引人入胜，你们自己讲。

生 1：一开始就引入了一个宽广的背景，令人有身临其境的感觉。(读第 1 段)

生 2：是情节曲折而引人入胜，其中的诗意也非常引人入胜，这是发自作者肺腑的感叹，很有感染力，点出了故事发生的时间。

生 3：通过作者的感觉，我们仿佛也身临其境。

生 4：这里的“迷茫”和作者的心情也是有联系的。

生 5：写好大的山，为后面埋下伏笔。

师：记叙文要交代事情发生的时间、地点、人物、环境，可是这篇文章的交代非比寻常，“山，好大的山啊！”以惊叹的语气开头，不是直接说故事发生在什么地方，一开始给人的感觉是“奇峰突起”。打个比方，就好比电影一样，一开始银幕上是一个特写镜头——山，然后再拉开，告诉你故事发生在山里，把山势写出来了，“消逝在迷茫的夜色中”点出了时间，这样就不平铺直叙了，一开始就渲染气氛，一下子就把读者的目光吸引住了。交代了故事的时间、地点，缘由是什么呢？就在行路人一筹莫展的时候，希望来到了眼前，哪一个词用得非常好？“突然”，把希望展现在眼前的情景写得很有层次，怎么来抓层次？一看梨花，二看人家。刚才有两个同学提到第 6 段有诗情画意，是写的怎样的景色？先读课文。(朗读)

师：最后一句写得好，写的是什么景色？

生：写的是山间梨树林里的夜景，淡淡的月光，忽明忽暗。为什么会忽明忽暗呢？因为梨花开得很茂盛，也表明了作者心情很愉快。

师：这里非常有诗情画意，因为梨花茂密，月光有的可以透过，有的透不过，所以忽明忽暗。写了边疆美丽的夜色，人在花中走，月伴人夜行。我们把第3～7段拿掉可不可以呢？为什么？

生1：这是为后面的以花喻人做铺垫。

生2：这样会显得很突然。

师：第一，有诗情画意；第二，不会显得很突然；第三，这篇文章叫《驿路梨花》，点题。

师：关于描写小屋的部分，请思考回答两个问题：第一，为什么作者要把山间小屋描写得如此清楚明白？第二，这个小屋非比寻常，请紧扣词句来说说这样的描写是怎样引人入胜的？

生1：为了突出小屋的主人，为赞扬小屋的主人做铺垫。

生2：这么简陋的小屋能给人以很大帮助，说明主人是很好的。

师：我们写文章，凡是和主题关系密切的材料要详写。一开始我们就讲了这篇记叙文是围绕小屋来写的，寻找的是小屋的主人，因此必须把小屋写得清楚明白，和主人的什么有关？

生1：说明主人非常细心。

生2：乐于助人的精神。

生3：小屋的主人很热情周到。

师：通过对小屋里里外外的描绘，我们可以看到未出现的主人的影子。借物思人，再请推敲下，引人入胜在什么地方？

生：通过写在门板上和墙上的字来表明对过路人的欢迎，小屋内的物品准备得很充足……

师：如果家里没人的话会写吗？一般没人是不写的，从准备的东西来看是充足的，正是因为主人的周到，所以行路人很快把身上的饥饿和疲劳撵走了，躺在软软的干草铺上的时候，心里油然而生一种感激之情。关于小屋的主人，老于说：可能是一位守山护林的老人，为什么要用“可能”？猜测一下，主人究竟是谁呢？正在猜测的时候，说曹操，曹操就到，于是文章进入下一段，情节往前发展了。来了一个怎样的人呢？作者是怎样勾勒他的形象的呢？用“须眉花白”来说明来人的“老”。

生：作者用白描的方法来说明是守山老人，简笔勾勒。

师：正在说的时候，门被推开了，“推”字用得很好，好像听到了声音，先是推，再是站，手提肩扛，手提一杆明火枪，表明他的身份，肩上扛着一袋米做什么呢？这里写得引人入胜，这部分写了作者在寻觅房子的主人，是不是瑶族老人呢？从第13段看，正当我们猜测是守山护林的老人的时候，门推开了，似乎他就是小屋的主人，这部分是怎么引人入胜的？

生1：“我们同时抓住老人的手”说明我们以为老人就是主人，但老人眼睛瞪得大大的，又使读者产生了疑问，然后老人说自己不是主人，也是过路人，更给读者带来了疑惑，吸引我们看下去。

生2：从“我”和老人的对话也能看出这里的曲折之处，“我”想知道主人是谁的心情很急切，一个想知道，一个不晓得，这也让读者急切想知道主人是谁。粮食交给谁？挂在屋梁上，不仅没有点出主人，反而产生更大的悬念。

师：我们是不是可以这样来理解？当我们猜测小屋的主人可能是位守山老人的时候，老人出现了，好像是已经解谜了，因此会写主人回来了。是不是主人呢？不是，情节上陡生波澜。对话妙趣横生，尽管老人不是小屋的主人，但从他的话里引出了赶马人，又从赶马人口中引出了哈尼小姑娘。瑶族老人已经初解谜团——哈尼小姑娘帮助过路人。这段风趣又感人，感人在何处？梨花会用为人民服务的精神来帮助过路人，细节描写，地方色彩很浓。感人在什么地方？过路人都能想到别人，都把助人为乐当作自己的责任。第27段是听后感，用什么手法来表现感动的？

生：用梦境来表达自己的感想。

师：如果只用感动之类的词，就不能感染别人了。为什么要用梦境来展现呢？

生：因为作者没见过哈尼小姑娘。

师：因为没见过哈尼小姑娘，所以这里通过自己的想象来描写。

生：用梦境来点题。

师：表现梦境的是哪个词？“恍惚”，是指不真切，不清楚。

生：作者从三个角度来以花喻人：嗅觉、视觉、听觉。

师：为什么香气四溢？一个是梨花香，一个是人的精神香，给人以强烈的感染，再次用梦境点题。（生朗读第三部分）

师：“我”和老于第二天没有立即上路，是因为也要为以后的过路人服务。修葺，注意，这时情节又往前发展了，是如何引人入胜的？一群哈尼小姑娘是怎么出现的？用了一个词——“闪”，很快，有速度。

生 1：又有了曲折，又生波澜。房子的主人一再易人。

生 2：瑶族老人向小姑娘行大礼出乎意料。

生 3：处处不忘梨花。

师：向为人民服务的精神行礼，一个是非常严肃地说，一个是赶紧摇手，场景是很动人的。老人以为这就是小梨花，结果她还不是梨花，她是梨花的妹妹，接过任务来照看小屋。到这个时候，谜底解开了，最后是谁来解开的呢？是梨花的妹妹。从上文看，围绕小屋讲得最多的是梨花，为什么要把梨花作为最主要的人？照料的人有梨花、梨花的妹妹，还有许许多多的过路人。“小”代表什么？

生：代表着未来，雷锋精神将代代相传。

师：小孩都知道这样做。因此“驿路梨花”是一语双关。既写花又写人，以花喻人，人花辉映。

（节选自于漪：《于漪全集·课堂教学卷》，上海教育出版社 2018 年版，第 64～69 页，有删改）

课例点评

以上是于漪老师《驿路梨花》的教学节录。此教学实录鲜明体现了于老师语文教学中的鲜明特点，即立足语文学科的人文性，抓住文本的情感特质，强化语言训练和思维训练。

教学伊始，她单刀直入，让学生谈初读文章的感受，然后顺势扣住学生的“引人入胜”一词，引导学生理解“引人入胜”的意思。接下来，她一言立骨、批文入情，以这个四字词语贯穿整篇文章的学习和品悟：文章中有哪些“引人入胜”之处？

更难能可贵的是，她时时处处要求学生读得“引人入胜”，说得“引人入胜”。可以说，她就像一名高级导游，带领学生兴味盎然地寻幽览胜，让学生感受到《驿路梨花》的“环境引人入胜”“情节引人入胜”“人物引人入胜”“主题引人入胜”。让学生既感受了文字的美，也锤炼了思维，同时又得到了情感熏陶。

（点评者：曹春莲）

五、课后实践任务

（1）于漪为什么能够荣获“人民教育家”国家荣誉？我们要学习她身上的哪些职业品格？

（2）于漪认为可以从哪几个方面训练学生的思维？

（撰稿：曹春莲）

第四讲　魏书生与六步教学法

一、学习目标

（1）理解魏书生的六步教学法的程序和特点。

（2）理解魏书生的教学艺术。

（3）能将六步教学法融入自己的语文教学实践。

二、名师简介

魏书生，男，1950 年生，当代著名教育改革家。他自 1978 年开始任中学教师，因在教育改革中的突出成绩，先后荣获省功勋教师、语文特级教师、全国劳动模范、全国优秀班主任、全国中青年有突出贡献的专家、中国十大杰出青年等殊荣。中国共产党第十三、十四、十五、十六、十七次代表大会代表，第十届辽宁省政协常委，对我国语文教育产生了重要影响。

三、名师教育观

（一）教学模式：课堂六步教学法

1. 六步教学法的程序

第一步：定向。定向，就是确定本节课的教学重点。包括知识学习、能力形成、德育熏陶等方面的内容。以知识学习为例，魏书生每节课的教学重点既从本课书的角度入手，更从单元、从整册书，以至从整体语文知识的角度入手，从语文知识树的角度入手，更重要的是，从学生的实际出发。确定重点的方式，有时是魏书生自己提出，有时是由学生提出，也有时是由学生的讨论而定。有时魏书生提出的重点被学生否定，那么就按学生提出的重点去学习。重点确定之后，魏书生常常把重点写在黑板上。

第二步：自学。学习目标已经确立，同学们可以根据学习目标，自己去深入学习教学内容，可采用自己最常用的学习方法去学习，去探讨，去寻找答案。

第三步：讨论。经过自学后，大部分问题能够解决，解决不了的，自己记下来，前后左右四个人组成讨论组，研究自学过程中各自遇到的疑难问题。

第四步：答疑。分组讨论后，仍没有解决的问题，则提交全班同学解答。如果全班同学也解答不了，则由老师解答。在答疑时，学生们可提出学习重点所提到的问题，也可提出自己读书时发现的疑难问题。若这一疑难问题带有普遍性，教师可以予以回答。倘若没有普遍意义，并且没有深究的必要，为了节省课堂时间，则根据实际，下课后再与学生一同研究解决。

第五步：自测。自测，也就是自我检测。检测方式可以不同。有时学生根据学习重点自己出题，自己解答；有时请一名学生出题，大家解答；也有时每组出一道题，其他组抢答；有时魏书生出一组试题，学生解答，或直接让学生做书后习题。需要书面回答的题，一般都限定时间，全班同学进入竞技状态后，用三分钟或四分钟做完，然后立即拿出红笔评卷。错的地方用红笔写出正确答案，解答之后将红色的内容再用蓝色的笔做一遍，再用红笔评卷。这样自测，学生既明确了自己当堂有哪些知识点没有掌握，又明确了经过课后的努力有了哪几点进步。

第六步：自结。自结，也就是学生自我总结。学生自己回忆本节课的学习重点是什么；学习过程中有哪几个主要环节；自己掌握的情况如何。自结的形式，大部分采取每个学生都坐在自己的座位上，七嘴八舌地大声说；也有时请一位同学站在自己的位置上总结，其他同学更正。魏书生说自结这一环节，有点像录音机倒带。学生将自己头脑中的“录像带”快速倒至上课时，再根据需要播放一遍必要的内容。这对学生们学习新知识、掌握新知识和巩固新知识都有好处。

魏书生的六步教学法是真正做到了视学生为主人、以学生为主体、以老师为主导、以自学为主线的语文课堂教学新模式。

从信息论的角度看，这样六个步骤有助于信息的处理。定向是控制信息的接收范围，随时排除干扰性的学习重点之外的知识。自学则是主体主动接收信息的过程。讨论和答疑是信息传递的最主要过程。教师以平等的身份参加学生的讨论，并在必要时做出解答以保证信息的正常流通与传输，这两个环节中信息的传递是多向的。师生都是信息源，又都是信息接收器；师生的行为既是反应，又是信息。自测和自结在整个信息传递过程中，是一个终极部分。它们的任务主要是对本课时所接收的信息及时反馈与强化。

2. 六步教学法的特点

语文课堂教学模式百花齐放，讨论法、实践法、练习法、纲要信号法、目标导读法、问读法、串讲法、答疑法各有千秋，然而，在课堂上真正视学生为主人、以学生为主体、以自学为主线的，当首推魏书生的六步教学法。

第一，以学生为主体。魏书生常常说，教师与学生的关系是同志式的平等互助关系，教师要树立为学生服务的思想。教师的一言一行都应该考虑到是否有利于教育和影响学生。像六步教学法中的定向，魏书生是通过与学生商量才确定的。因为同学们自己参与并且制订的目标，是最能引起同学们注意的，是同学们愿意努力去实现的。我们试想一下，每节课的教学目标同学们都不明确，而是老师自己确定的，那么同学们被动地去接受，或者是迷惘地去探索，能够收到理想的效果吗？另外，同学们参与学习的身份不同，他们在学习上所投入的精力和引发的情感能够一样吗？试想参与学习的身份角度不同，投入的精力与产生的情感不同，最后所获得的结果能够相同吗？魏书生的六步教学法中的每个环节都明确地体现出以学生为主体的教学原则。定向、讨论、自学、自测、自结五个环节，不必细说，环环都是以学生为主体。就连答疑这一环节，也能充分体现出以学生为主体的特点。提出疑问的主体是谁？还是学生，因为学生首次提出疑问时，是面对全体学生，全体学生都有权利回答某同学提出的疑问，当学生们真正不能解答时，教师才解答，而教师解答的机会是很少的，因为很少有全班学生解答不了的问题。因此说，处处体现了以学生为主体的教学原则。

第二，以教师为主导。魏书生的六步教学法处处体现了以教师为主导的教学原则。定向环节中，教师常常引导学生制订本节课的学习目标，或者是在教师的引导下，同学们讨论制订本节课的目标。自学环节中，教师往往引导学生自学主要内容，有的是在课堂上直接引导，有的是在课外引导。总之，学生的自学不是盲目的、随意的，而是在教师的正确引导下进行的。讨论这一环节更能体现出教师的主导作用。学生们在自学的过程中会遇到许多疑难问题，如果不是在老师的正确引导下讨论，而是漫无边际地讨论起来，还能完成本节课的教学任务吗？答疑这一环节体现出的以教师为主导的特点更为充分。比如学生们提出的问题，哪些是与本节课的重点相关的，哪些是不相关的，哪些是必要的，哪些是不必要的，哪些地方是与本课关系不大但是与学生课本密切相关的，等等，教师都要起到一定的导向作用。自测、自结这两个环节看起来与教师的主导作用关系不太紧密，其实，这两个环节，教师的导向作用更为重要。例如，自测题内容的深浅、范围的大小、时间的长短等都是由教师主导的。自结环节中，学生们往往重视学习内容，尤其是重点内容的回顾，而忽视教学过程的总结，其实学习过程是很重要的，是不容忽视的。也就是说，不要只重视知识的掌握，更要重视知识掌握的过程，也就是“元认知”。

第三，以自学为主线。魏书生的六步教学法处处体现了以学生自学为主线这一特点。定向环节中有学生参与，讨论制订自学的目标。自学、讨论两个环节，就是在教师的引导下，学生自己确定学习内容，自己选择学习方法，自己安排学习程序，自己找出自学疑难；然后，同学们通过讨论研究的方式，自己解答彼此提出的疑难问题，偶有同学们解答不了的问题再由老师解答。自测是自己出测试题自我检测，了解自己对本节课教学内容的掌握程度，同时对教学环节的安排进行总结回顾，整个一堂课都贯穿在学生自学这一主线上。自学是初中学生应该掌握并愿意主动参与的一种形式，教师在教学的过程中，应该由重视“教学”逐渐转向重视“导学”，最终使学生“会学”。尤其是当今的教育，要全面推进素质教育，要减轻中小学生过重的负担，怎么办？必须教会学生学习，让学生由厌学变为乐学，由学会变为会学，由负担变为兴趣，由被动变为主动。

总之，魏书生的六步教学法是当代诸多课堂教学方法中比较先进的教学方法之一，它体现了鲜明的时代性，教给学生终身受用的方法，也就是自我学习法。未来学家托夫勒说："未来的文盲不是没有知识的人，而是不会学习的人。"魏书生正是从培养适应并促进时代发展的人才出发，教会学生学习的。他使学生明确，学习是需要自己确立目标的，然后根据自己确立的目标来选择学习内容，引导自学行为，检测自学结果，总结自学得失。学生一旦悟出六步教学法的真谛，就会终身受益。

3. 六步教学法的运用

一次，华东师范大学的谢象贤教授到魏书生所教的班听课，她问："课堂类型一般有多种，你说的就是这一种类型，其他的变式有没有呢?"魏书生说："这六个步骤基本如此，具体运用则变化无穷。比如以定向为主的计划课，开学初讨论学习计划，期中、期末讨论复习计划。这种课虽然也有讨论、答疑、自结等步骤，但大部分时间用于定向，我便称其为定向课。我外出开会，语文课全由学生自学，当然就是自学课了。有时一节课为了消化两个疑难问题，同学们又不希望老师马上答疑，课堂以讨论为主，便成了讨论课。期中、期末复习课，请同学们广泛提问题，老师来解答，这就是答疑课。为检查验收阶段学习成果，同学们互相出题考试，自然就是自测课。总结并复习单元、期中、期末的学习重点、难点，以总结为主，虽然间或也有讨论、答疑、自测，但我常称之为总结复习课。"

针对六步教学法的运用，魏书生还谈到，就课堂教学形式而言，他衷心希望大家千方百计发展自己的长处。千万不要都模仿六步教学法。比如，有的老师擅长讲，就应该发展讲的长处，讲得更生动、形象、科学、系统，讲得更有趣，更吸引人，更让人着迷。他不应该看魏书生上课时很少讲授，于是自己也不讲授了。那样，丢了自己的长处，再学一种方法，即使成功了，也多用了许多时间。再比如，有的老师擅长写，字写得漂亮，也会绘画，板书设计精妙。学生像欣赏艺术品一样欣赏、研究老师的板书，那他就应该发挥自己写的长处。每个人只要努力发展自己的长处，同样能取得突出的成绩。学习他人，是为了发展而不是抑制自己的长处，重要的是从自己的实际出发去探索和创造。

（二）教学艺术

1. 整合教学目标的艺术

魏书生的语文教学目标是让学生学会怎样做人，让学生懂得自己到学校来学习是为谁来学的，应该学什么，怎么学。

（1）学生的学习究竟是为谁。让学生讨论中学生肩上的担子是什么，自己肩上的担子与祖国的发展有什么关系。大家通过讨论，畅谈理想，就会知道自己肩上的担子与祖国的前途密切相关。学生们在第一节语文课上就大略懂得了自己的任务、义务、责任，深刻地了解了学语文并不是只学一点文化知识，懂得了自己为什么学语文，是为谁学知识。一旦学生认识到自己是为自己的前途而学，更是为祖国而学，那么，语文就好教了。

（2）学生究竟应该学什么。从 1979 年开始，魏书生引导学生画语文知识结构图，用知识树的形式来表示知识结构。学生把握了这些知识的层次结构，就会清楚地知道，学语文应该先学哪些知识，后学哪些知识，这些已掌握的知识和未掌握的知识之间有什么联系，学生的学习就不至于走弯路，学生能够检测自己各个知识点把握得如何，哪些知识点是清楚的，哪些是似懂非懂的，哪些是经过努力能够赶上来的。

2. 教会学生学习的艺术

学生懂得了自己学习的重要性，又知道了学习什么，还有更重要的一点就是怎样学习。魏书生最擅长的就是这一点，即教会学生学习语文的方法。

（1）引导学生自学整册教材。关键是教会学生以下七个方面的事：一是列生字表，二是列新词表，三是单元分析，四是习题归类，五是知识短文归类，六是书后附录，七是列文学常识简表。

（2）引导学生自学一类文章。魏书生常用表格填充法来引导学生自学每一类文体的文章。

（3）引导学生自学一篇文章。魏书生最喜欢介绍给学生的是四遍八步读书法。“四遍”就是一篇文章读四遍，“八步”就是完成八项任务。第一遍，跳读，应达到每分钟读 1500 字的速度。完成前两步任务：①识记作者及文章梗概；②识记主要人、事、物或观点。第二遍，速读，每分钟要读 1000 字。完成第三、四步任务：③复述内容；④理清结构层次。第三遍，细读，读的速度一般与朗读相同，每分钟 200 字。完成五、六、七步任务：⑤理解并掌握字、词、句；⑥圈点摘要，明确重要部分；⑦归纳中心思想。第四遍，精读。完成第八步分析文章写作特色的任务。速度根据需要，或一带而过非重点部分，或仔细推敲品味重点段落、关键词语。

（4）教会学生划分文章层次的方法。第一，划分记叙文层次的五种方法：一是按时间顺序划分，二是按空间顺序划分，三是按不同表达方式划分，四是按材料性质划分，五是按作者的认识过程划分。第二，划分议论文层次的四种方法：一是三段式，二是总分式，三是并列式，四是递进式。第三，划分说明文层次的方法大致可采用与记叙文、议论文相同的方法。魏书生以前也曾和学生一起总结过划分说明文的十种方法，后来觉得方法太多，不利于初中生掌握，就不用了。以上所说的划分文章层次的方法，适合大部分文章，不等于适合所有的文章。有的文章结构形式特殊，不能用现成的公式去套，只能具体文章具体分析。

（5）教会学生归纳文章中心的方法。归纳文章中心，一是看文章题目，二是看文章的开头或结尾，三是看文章的抒情、议论部分，四是分析人物性格，五是结合文章各段段意，六是分析文章的写作背景。魏书生认为，以上只是归纳一般文章的中心思想的方法，特殊的文章，需要综合运用多种方法分析、归纳。

（6）教会学生分析文章的写作特点的方法。第一方面，分析中心，看中心是否鲜明、集中、深刻。第二方面，分析选材，看选材是否围绕中心，是否具有典型性，是否新颖，取舍是否得当。第三方面，分析结构，看开头结尾是否照应，层次和段落是否清晰，过渡是否自然。第四方面，分析表达方式。表达方式有五种：记叙、描写、说明、议论、抒情。一篇文章中往往不只用一种表达方式，常常是几种表达方式综合运用。第五方面，分析语言，要注意四点：一是从语言基本要求看，是否朴素、准确和精炼。二是从修辞方法的角度看，是否运用拟人、比喻、排比等多种修辞方法。三是语调是幽默、讽刺，还是庄严、沉郁；是冷淡、悲凉，还是欢乐、喜悦。四是语言是否个性化。魏书生认为，分析文章的写作特点，要让学生总体上从这五个方面去把握、去思考、去分析，但不可能每篇文章这五个方面都突出。每篇文章从这五个方面入手，最后找三个最突出之处，再加以具体举例分析也就可以了。学生一旦掌握了学习方法，就可以按照自己的学习计划，认真自觉地去学习每天应该学会的内容，他们可以天天如是地，循序渐进地去学习、去研究、去探索更深层次的知识，去接受更丰富的学习任务，去尝试更新的学习方法。

3. 改革教材内容的艺术

魏书生的语文教学，一般只用一个学期的三分之一的时间就讲完全册教材，其余的时间都留给学生复习，或增讲一些课外内容。一般来说，他喜欢讲下面几方面的文章：

（1）名篇时文。魏书生讲名人传记，为学生们树立终身的目标奠定坚实的基础；讲先进人物，使学生们潜移默化地受到教育，学习先进人物的先进思想，了解为祖国、为社会做贡献的人的生活经历。他引导学生学习马克思全心全意为人类解放事业而献身的奉献精神；学习海伦·凯勒顽强的学习毅力；学习爱迪生坚韧不拔的研究精神等。学生受到这些人物事件的感染会产生一种终身受益的不竭动力。

（2）教育学、心理学方面的资料。这能让学生了解国内外先进的学校以及先进的教育方法、内容、措施等，使学生们愿意配合和接受魏书生的教学改革。学生们的眼界开阔了，知识丰富了，心理素质提高了，这正是学生们成长中必要的知识，而且是任何其他知识都不能替代的重要知识。

（3）学习方法。魏书生会介绍国内外优秀中学生的学习方法，会讲记忆、讲计划、讲操作、讲预习、讲复习、讲他自己的学习体会等。于是学生们能够联系自己的实际，借鉴别人的经验，去探索最适合自己的学习方法，一旦这种方法被学生所掌握，将是终身受用的。

（4）国内外科技动态。这能让学生了解人类已发展到什么时代，科技对人类的发展起到什么作用，作为一名当代的学生应该怎样学习才能打好基础，将来去探索宇宙的奥秘，为人类服务，为民族服务。还能培养学生的想象能力、预测能力、自我约束能力等。

4. 延伸教学时间的艺术

所谓延伸教学时间，是指魏书生不囿于语文课堂上的40分钟，不囿于学生在校的每天几个小时，也不囿于学生在初中读书的仅仅三年时间，而是把初中语文教学的点子打在学生的终身学习上。

（1）语文课外的时间学语文。学生们认为学语文是一种乐趣，学语文是一种高层次的休息。于是利用写其他科作业的空闲时间来学语文，学一会儿觉得头脑更加清醒了，精力更加充沛了，于是，再去学习理科知识。另外，抓住其他学科的课堂时间来学语文。这里是指在其他学科的课堂上，主动举手发言锻炼自己的语言表达能力。在写物理或化学的实验报告时，认真来写，学生们认为这是锻炼自己的写作能力的机会。

（2）校外的时间学语文。比如中午和晚上放学的时间，学生们手中往往拿着自己安排背诵的诗文，走几步，看几眼，学生们认为这种学习方法很好，容易把背诵的知识记牢。阳光明媚的春天、百花齐放的夏天、果实累累的秋天、瑞雪纷飞的冬天都是学语文、写作文的好时机。于是，魏书生的学生经常在春季里郊游、夏季里赏花、秋季里摸鱼、冬季里玩雪，这一切都是学语文、学作文、学做人的好契机。

（3）节假日时间学语文。每逢寒暑假前，魏书生都要让学生把下学期要学的语文书借到手，然后让学生自学整册教材。新学期开始时，就对学生进行整册教材的考试。学生们按照老师教的学习整册书的方法，自己制订假期学语文的计划，然后按照计划学生字、学生词、做课后习题、列文学常识表、背诵课后要求背诵的篇章、写日记等等。

5. 拓展教学空间的艺术

（1）家庭空间学语文。在自己家里学语文，没有老师和同学的“干扰”，自己愿意学什么内容就学什么内容，自己哪方面的知识差就学哪方面的知识，哪方面的技能差就锻炼哪方面的技能。在家庭里学语文，可以按文体的类别比较学，如可以把初中一至六册的语文教材中的小说放在一起学。

（2）社会空间学语文。魏书生经常利用周末或寒暑假，让学生在社会上从事一些活动。如到长途客运站候车室打扫卫生或到长途汽车上为乘务员打水、擦玻璃，有时还到敬老院为老人们表演节目、打扫卫生等。通过长期坚持做好事，学生们为他们的写作积累了丰富的知识。同时，他还让学生到社会上做一些调查。调查市场上的物价和行情，调查农村的巨大变化，调查家庭的住宅变化，调查马路上交通工具的变化，调查家庭中乃至个人的通信工具的变化等，调查后让学生写日记、写命题作文等。

（3）大自然空间学语文。要想让学生真正体悟到语言与自然的关系、自然与语文的关系、人与自然的关系就必须让学生到大自然中去学习语文。春天来了，魏书生带领学生到双台河畔去踏青，让学生写题为《春天双台河》的作文，让学生仔细观察哪天桃花开，哪天迎春花开，哪天丁香花开；魏书生还带领学生开荒种地，让学生体验到生活的艰辛与快乐，让学生懂得亲手撒下希望的种子的乐趣。魏书生常说，语文教学最怕空洞的说教，语文教学如果只是一味地咬文嚼字，不去欣赏文字中所描绘的场景，那么这种语文教学就是不全面的教学，要想收到理想的效果也是不太可能的。

6. 致力于教学创新的艺术

（1）启发创新的意识。魏书生经常引导学生读英雄故事、读人物传记，使学生们认识到“尽管我们一生也无法企及这些伟大人物的精神境界，但不妨碍我们朝着这一高峰攀登”。他常常把自己订阅的《国外科技动态》杂志拿给学生看，外空探险、卫星的奥秘、飞船对接、装配式建筑以及涉及人类本身的身体冷藏……他的学生争相阅读，对当代科学技术的新发展保持着浓厚的兴趣，产生了一种跃跃欲试的探究心理。当学生们创造的欲望被激发起来之后，他就因势利导，把学生引向眼前的创造性活动，他和学生一起研究教育改革，一起探索适合自己个性的学习方法。

（2）培养创新的才干。一是教给学生系统的知识。魏书生运用画语文知识树的方法使学生获得系统知识，并把这个方法运用到其他学科。

二是培养完善的智能。他从三个方面入手：首先，激发学生发展智力的信心；其次，向学生介绍发展智力的方法；最后，结合教学对学生实行严格的训练。“一题多解”是他从语文学科特点出发常用的训练方法。他的学写童话、写科学幻想，一篇又一篇，活跃的想象力结出丰硕的果实。三是指导自学的方法。作文，他教会学生自己批改；考试，他让学生自己出题；作业，他让学生自己留……在他所教的班级里，学生养成了自学的习惯，在独立获取知识的过程中，也有了更大的收获。

（3）陶冶创新的个性。创新活动是各种心理活动在最高水平上的综合，创新才能只是获得创造性成就的必备条件。魏书生充分了解这一点，因此他说：要成就一件伟大的事业，首先需要的是动机和胆略，在具备了崇高的动机和无限的胆略之后，决定成败的重要条件就是意志了。他甚至认为意志的锻炼是比知识更为宝贵的财产。他给学生讲埃及的塔哈、侯赛因，讲法国的戴尼斯，讲美国的海伦，讲苏联的奥斯特洛夫斯基……他指出，既然那些不健全的人照样可以取得了不起的成绩，像我们这样四肢健全的人有什么理由说自己不行呢？他就是用这些生动的例子鼓舞学生时时用奋发和进取的精神去做一个对祖国和人类有贡献的人。他要求学生有大海一样的胸怀，他认为那种狭隘的胸怀势必禁锢人的聪明才智。他给学生讲屈原被逐而赋《离骚》，司马迁遭宫刑而著《史记》，韩信受胯下之辱而统率百万大军，使学生认识到自古雄才多磨难，这几乎是一条规律。

（4）广辟创新的途径。每个人成才的方向不可能完全相同，无论从主观条件的可能性着眼，还是从客观的实际需要来看，人才必然是多样的。因此，培养创造性人才，不能像浇铸标准件那样有一个统一的模式。魏书生认为，如果我们不只是用一把分数的尺子、升学的尺子去衡量每个人的价值，各行各业该会涌现出多少人才啊！只有千差万别的钢，才能适合现实生活中各种不同的需要。如果不是这样，那不管多好的钢，只是单一的品种，这个世界也不可能发展得快。金子固然好，但假如真有那么一天，一切金属都变成了单一的金子，那么人类就难以生存了。一定要为人才的成长开辟多种途径，做到人尽其才。

（5）营造创新的环境。从纵向看，魏书生创造的六步教学法从定向、自学、讨论、答题、自测到小结，处处以学生为主，把学生真正放到了主体地位，一反传统教学那种压抑学生积极性的“满堂灌”教法。从横向看，老师和学生、学生和学生之间，组成了一个以教师为主导，以学生为主体的立体信息交流网，也就是充分发扬了民主，他依赖学生的思维潜力、自学能力，他不容许课堂上有一个学生“陪坐”，他的学生在课堂上始终保持旺盛的求知欲和勇于进取的竞争状态，不管是老师说的，还是书本上说的，只要他们认为有疑点，就绝不放过。在发展必修课的同时，他还重视开辟选修课和实践课，把学生引向广阔的创造空间。在他的课程表上，每天下午的最后都有独具特色的安排，他组织学生讨论思想战线的形势，让学生以此接触社会，增长见闻，开阔眼界，活跃思想；他让学生们高声地唱，尽量地画，尽兴地玩，接触大自然的四时风光而心旷神怡；他开设新科技知识讲座，举办当代报告文学欣赏活动，介绍国外教育动态，引导学生敞开思想的大门，激发学生强烈的创造欲望。

四、名师课例及点评

《普通劳动者》的教学设计

执教老师：魏书生

【教学目标】

1. 掌握字词：绺、涩、忘年交、思忖、无可奈何。

2. 学习通过语言、行动表现人物性格的写法，理解景物描写在文章中的作用并学习景物描写。

3. 学习革命前辈平凡而高尚的普通劳动者的品德。

【教学重点】

学习通过语言、行动表现人物性格的写法，学习景物描写。

【教学难点】

景物描写在文中的作用。

【课时安排】

两课时。

第一课时

一、定向。（2 分钟）向学生介绍本篇文章的教学目的，并板书本课时的学习重点：

1. 掌握字词：绺、涩、忖三字注音。解词：忘年交、思忖、无可奈何三词释义。

2. 学习通过语言、行动表现人物性格的写法。

3. 学习革命前辈平凡而高尚的普通劳动者的品德。

二、自学。（15 分钟）内容如下：

1. 生字注音。

2. 看教材或者查字典解释词语。

3. 用 1 分钟约读 1000 字的速度读课文。

4. 用 1 分钟时间简述课文主要内容（约 200 字）。

5. 划分文章段落并归纳段意。全文可分四部分：第一部分写林将军赶往工地；第二部分写工地劳动；第三部分写工地休息；第四部分写暴风雨里激战的情景。从小说情节的角度来分析：第一、二部分是故事情节的开端，第三部分是故事情节的发展，第四部分是故事情节的高潮。

三、讨论。（12 分钟）

1. 关于本文作者：同学们回忆初一时学过的《七根火柴》，知道王愿坚同志是现代作家，以善于描写革命历史题材著称。有的同学还知道他与陆柱国合作编写了电影剧本《闪闪的红星》。

2. 在教材上划出能表现林将军性格的、描写将军言和行的句子。

3. 用精炼的语句概括：林将军去工地、劳动、休息、冒雨装料的语言、行动、性格。

四、答疑。（5 分钟）

学生可能会提本文“他俩抬起筐……咱俩加起来够七十岁，我就占了三分之二还多，应该靠我这边”这段文字，告诉我们：抬筐时，________走在前，________走在后。本题答案是：将军走在前，小李走在后。根据：他扭回身抓住绳子往前移过来，小李偷偷把绳子往后移了半尺多。

五、自测。(7 分钟)

1. 重做一遍自学时的注音和解词两道题。

2. 选字填空：给出文中的五句话，这五句话里都有容易写错的字，比如：“更不用说参加红军以后那些艰苦的战斗生活了。但________(bì) 竟是多年以前的事了。”是填“必须”的“必”，还是“毕业”的“毕”呢？

3. 写出林将军的形象。林将军是一位老一辈革命者的形象。他头发花白，年过半百，战争年代负过重伤，立过大功，是人民解放军的高级领导干部。可是他没有居功自傲，而是以普通劳动者的姿态，战斗在水库工地上，谦逊、质朴、平易近人，与群众同甘共苦，热爱劳动，关心青年，处处表现出平凡而伟大、普通而崇高的革命品质。

六、自我小结。(4 分钟)

学生在自己座位上各自口述对本节课的学习重点及学习过程的总结。

第二课时

一、定向。(2 分钟) 板书本课学习重点。

1. 理解场面描写在本文中的作用。

2. 写一个劳动或集体活动的场面。

3. 了解引号在本文中的作用。

二、自学。(10 分钟)

1. 找出文中景物描写的部分。

2. 默读描写坝后工地巨大的劳动场面和雷雨前大坝的雄伟景象两处。

3. 体会景物描写的作用。坝后工地雄伟、广阔、火热的劳动场面，画出了一幅沸腾工地的生活图景，这幅图景，展示了故事的背景，为人物的活动和性格的展开创造了一个典型环境。雷雨前大坝的雄伟景象，是通过人物的观察，以当年的战争场面来描绘今天的建设场面的：以云层当大海，以大坝当军舰，以爆破当炮群，以工地当战场，把自然景物比拟为战斗场景，非常符合将军的身份和性格。这两段景物描写，都起到了映衬人物特点、烘托中心思想的作用。

三、讨论。(15 分钟)

1. 朗诵坝后工地、雷雨前大坝两处景物描写的片段。

2. 统一对景物描写的认识。同学们在自学时，对景物描写作用的认识不可能一致，经过讨论，使之达到基本一致。

3. 学生分组作文，一、二组同学以“植树”为题，三、四组同学以“全校演讲比赛”为题作文。要求：①记叙文；②要有景物描写中的场面描写；③场面描写要为烘托中心思想服务；④课上只拟写作提纲，然后口头作文；⑤500 字左右。

4. 分别从写“植树”“全校演讲比赛”的两部分同学中各选一名代表说文，大家讲评，看哪篇文章说得成功。

四、答疑。(8 分钟)

1. 下面句子里的引号各有什么作用？(在学生讨论后给予解答)

(1) 将军亲热地管这个青年人叫“小李子”，小李也毫不拘束地管这个穿灰衣服的老同志叫起“老林”来了。(“小李子”和“老林”这两处引号表示特定称谓，从称谓中强调将军和小李官兵之间平等、亲密的关系)

(2) 他们这“忘年交”的友谊在迅速地增进。(“忘年交”打上引号表示着重指出，说明将军和小李友谊之深厚)

(3) 这个“舞弊”的做法被将军发觉了。(“舞弊”打上引号表示特殊意义，跟通常的贬义不同，并非真的舞弊，而是指小李为减轻将军的负担，瞒着将军把抬筐的绳子往自己这方面拉)

2. 学生可能提出文中几处插叙有什么作用。

本文插叙较多：将军初到工地，回忆起过去在这里的战斗；休息时，回忆起当年当矿工的经历；冒雨装料时，回忆起长征过草地；通过别人讲故事，叙述将军当年指挥战斗的场景。这些插叙，有利于揭示将军不居功自傲、发扬革命传统的高贵品质。

五、自测。(6 分钟)

1. 口答第一课时的注音、解词。

2. 口答林将军的形象。

3. 写出景物描写在文中的作用。

4. 找学生说标准答案。每位同学对照标准答案，找出自己错误的地方，课后改正过来。

六、自结。(4分钟)

每位同学都回忆一篇课文的学习重点和简要地回忆学习过程，各自复述两分钟后，再简要说一下自己在两节课上的得与失。

(节选自张新洲：《中国当代著名教学流派》，中国青年出版社2001年版，第124～129页，有删改)

课例点评

这篇教学设计按照定向、自学、讨论、答疑、自测、自结六个步骤进行，始终将学生放在学习主体的地位。语文课从一定意义上说，是训练课，是理解和运用语言的训练课。因此，可以这样说，没有训练的语文课不是成功的语文课。学生在教师指导下的学习活动就是在接受训练。在这篇教学设计中，教师只是学生阅读和表达训练的组织者，我们见不到教师过多的讲解，教师教学的目的只是让学生自己去“有所得”。

(点评人：滕达)

五、课后实践任务

(1) 课后学习魏书生教育思想中的“一个核心”“两条原则”，思考其对当今语文教学的意义。

(2) 你认为魏书生的六步教学法是否过时了?

(撰稿：滕达)

第五讲　钱梦龙与语文导读法

一、学习目标

（1）理解钱梦龙语文导读法的“三主”理念。
（2）理解钱梦龙语文导读法的四种“基本式”。
（3）能将语文导读法融入自己的语文教学实践。

二、名师简介

钱梦龙，1931 年生，上海市嘉定区人，上海市语文特级教师，全国教育系统劳动模范。历任嘉定第二中学语文教师、上海市民办桃李园实验学校校长，兼任语文教育艺术研究会会长，曾兼任教育部中小学教材审定委员会学科审查委员、人民教育出版社中学语文教材特约编审。著有《语文导读法探索》《导读的艺术》《和青年教师谈语文教学》等。钱梦龙是 20 世纪七八十年代以来全国最著名的语文名师之一，是一位成就卓著的语文教育专家。

钱梦龙成长为语文名师的事迹，对于汉语言文学专业师范生将来做语文教师可能会有更多的启发。

时光回溯到 20 世纪 40 年代。从小学到初二，钱梦龙都是出名的“差生”。他回忆：“我小时候笨得出奇，现在想起来还会脸红……记不清报告单上挂过多少‘红灯’，从小学到初中二年级，竟创下了累计留级四次的‘辉煌纪录’！”

这个被老师们评价为“聪明面孔笨肚肠”的学生，在初二之后，学习成绩却奇迹般地出现了转机。

一位叫武钟英的国语老师用一本字典改变了钱梦龙的人生轨迹——

一天放学以后，武老师把钱梦龙叫到办公室，拿起一本《王云五小字典》，对他说：“老师们都说你笨，如果你能学会查字典，就能证明你不笨。”武老师交给他一项任务：每次上新课之前，把课文中生字的音义从字典里查出来，抄在黑板上供同学们学习。

这一鼓励、一抄写，他成绩报告单上的评语在毕业时变成了“该生天资聪颖”。

1952 年，一个偶然的机会，刚刚初中毕业的钱梦龙阴差阳错地成了一名中学语文教师。

他一开始就不甘心只当一名挣工资养家的“教书匠”。在他心底，有一杆标尺——当一个像武老师那样的对学生倾注爱心的好老师。这一杆时时量出他差距的高高的标尺，成了当时对语文教学一窍不通、知识储备也远远不够的钱梦龙做一名好老师的原动力。

他设计出了一种既适合自己的实际水平又有个性的教法：鼓励学生自己学。“当时我想得很简单，从武老师教会我查字典开始，是自学帮我学好了国文，自学肯定也能帮我的学生学好语文。”于是，“教会学生读书”成了钱梦龙语文教学的一个执着的努力方向。

钱梦龙是一个不安于现状的语文教师，他不满足于只做一个合格的语文教师，而是立志做一个语文教学的专家。

从教一开始就有这样雄心壮志的钱梦龙，在不断的理论联系实际中悉心研究、实践，探寻着语文教学的特殊规律。

1956 年，只有四年教龄、初中文化程度的钱梦龙成了高中语文教师，写出了生平第一篇教学论文《语文教学必须打破常规》。同年，27 岁的他被评为嘉定县优秀教师。

经过二十多年的探索与积累，20 世纪 70 年代末，钱梦龙提出了基本式教学法。所谓“基本式”，指的是自读式、教读式、作业式。

1979 年，上海市教育局在钱梦龙当时任教的嘉定二中召开上海市重点中学校长现场会，由他执教文言文《愚公移山》。他按自己的基本式教学法上了这堂课。这堂课，令听课的重点中学校长和市、区教育局领导耳目一新，并获得了极高的评价。1979 年下半年，钱梦龙成为“文革”后上海首批特级教师之一。

“‘基本式’的提出成了我命运急转弯的一个标志，对我个人来说，其意义相当于漫漫求索之路上的第一块‘里程石’。”一个“石”字，道出了钱梦龙不安于现状的跋涉情结。

经过几十年的探索和实践，钱梦龙形成了自己的一套相当完整的“三主四式”语文导读法。他的语文导读法在中国语文教育界产生了非常巨大的影响。这奠定了钱梦龙在中学语文教育界独树一帜的地位。

三、名师教育观

（一）钱梦龙语文导读法的“三主”理念

1982年，钱梦龙提出“三主”观点，此后形成的“三主”理念在20世纪八九十年代产生了巨大影响，曾经引发了我国语文教育界乃至整个教育界的专家、学者、一线教师对教学中教师与学生之间关系的激烈争鸣和深入研究。

钱梦龙提出的“三主”理念指的是：学生为主体，教师为主导，训练为主线。

1. 学生为主体

主体本是哲学认识论的一个概念，相对于被认识、被改造的客体来说，主体指一切实践着、认识着的人。教学过程是学生在教师的引导下进行的一个特殊的认识过程，在这一过程中师生双方都有认识和被认识的问题，他们的主客体地位构成了比较复杂的关系。

钱梦龙曾经这样阐明他的观点：“学生既有主动性的一面，又有受动性的一面，正是这两个方面的对立统一决定了学生在教学过程中的地位：从教学过程的整体看，学生始终是受教育者，是教师施教的对象，有着明显的受动性；而学生在教学过程中的认识和发展，又是教师无法代替的，学生又表现出充分的主动性，因而是‘主体’。”“教师身上同样包含着主动性和受动性。”

总之，处在同一教学过程中的教师和学生都具有两重性，是互为主客体的。但是，教学过程作为一个特殊的认识过程，最终是以学生的认识为归宿的，因此，在确认谁是主体的时候，主要应该把目光投向学生，即确认学生是具有主观能动性的实践者和认识者。这一观点对我国20世纪八九十年代乃至新世纪的教育教学改革有着非常重大的意义。

2. 教师为主导

教学，是只有在师生之间才可能发生的双向活动，教和学始终是互相依存、互为条件、相互制约的。再从学生的实际来看，他们毕竟还缺乏确定重大的认识目标的能力，在认识过程中还会遇到这样那样的困难。学生在教学过程中的认识活动，不是在孤立、封闭的状态下进行的，而是以教师的存在为条件的，需要“闻道在先”“术业有专攻”的教师给予指导和帮助。因此，在确认学生为主体的同时，还必须确认教师为主导。

何为“主导”?“主”，表明教师在教学过程中的领导作用并不因为确认学生的主体地位而被取消或削弱；“导”，则规定教师的领导作用只能通过因势利导来实现。这里有一种辩证的关系：受学生的主体地位制约的教师只能“主导”而不能“主宰”；而教师导之有方，又能促使学生更好地达到预期的认识目标，真正成为认识的主体。

需要注意的是，传统语文教学中，很多老师喜欢“一讲到底”，即用“满堂灌”的方法上课；还有的老师喜欢“满堂问”，一直是教师问，学生答，学生一直被教师牵着鼻子走。“满堂灌”是教师主讲，“满堂问”是教师主问。这样的教学中，教师往往并没有承担好本应由其承担的主导责任。

教师要由主讲、主问改变到主导的位置上来。主讲着眼于“讲”，主问着眼于“问”，主导自然着眼于“导”。“导”者，因势利导也。“因势”就是要充分尊重学生的主体地位，要承认学生的知识、能力、智力、情感、兴趣等对教师的制约作用，教师只能顺其势而导，不能逆其势而牵；“利导”，就是要把学生引导到最有利于他们的认识和发展的情境中去，从而使学生自奋其力，去求得认识和发展。教师地位的变化必然引起语文课堂教学模式的变化，即由“讲读”模式变为“导读”模式。对受教育的学生来说，教师的“导”是他们实现认识和发展目标的必不可少的外部条件。

3. 训练为主线

钱梦龙认为，训练从本质上看，是人类为改变自身的自然素质而进行的一种有目的的活动和实践。教学过程中的训练就是学生在教师的指导下，为了从各方面提高自身的素质而进行的有目的、有计划的活动和实践。

训练和练习的区别在于，训练是发生于教师与学生之间的一种双边活动，训，即训导、教导，是指教师一方的活动；练，则指学生在教师的指导下进行练习、操作。训练包括练习，两者的外延是不等的。在语文教学中，教师指导学生进行的听、说、读、写活动，都具有训练的性质。

训练为主线，就是说教学过程中学生的主体地位和教师的主导作用，只有进入了训练过程，两者才能达到和谐统一，而这种以师生双向活动为特征的训练必然贯穿于教学的全过程，成为主线，其他的教学措施都是服从于训练并为之服务的副线。

在一个以训练为主线的教学体系中，讲是为了帮助学生更好地练。在这个教学体系中，讲和练是和谐的、统一的，两者不存在争夺时间的矛盾。

语文训练具有以下两个特点：一是综合性。语文训练是以语言训练和思维训练为核心的听、说、读、写综合训练。需要强调的是，听、说、读、写训练必须以语言训练和思维训练为核心。二是训练目标的多元化。学生不仅在训练中获得知识、培养能力、发展智力、提高素质，同时也在训练中激发兴趣、陶冶情操、培养性格乃至形成世界观。

钱梦龙对“三主”理念总结如下：学生为主体是导读的前提，着眼于使学生“善学”；教师为主导是强化学生主体地位的条件，着眼于教师的“善导”；而学生的“善学”与教师的“善导”都必须通过一个“善练”的科学序列才能实现，所以说训练为主线是主体与主导相互作用的必然归宿。

（二）钱梦龙语文导读法的四种“基本式”

“三主”理念体现在自读、教读、练习、复读的教学“基本式”之中。钱梦龙把以“三主”为指导思想，以“四式”为基本模式的教学构思统称作“导读”。在“三主”思想指导下的“四式”，实质上是四种不同的训练方式：自读式、教读式、练习式、复读式。

1. 自读式

这是以培养学生的独立阅读能力为目的的一种训练方式。自读，就是学生自己的阅读实践。自读大致有三种情况：①教师先教阅读的方法，然后学生自读；②学生先自读，然后在教师的引导下加深理解，从而领悟阅读的方法；③教师边作指导，学生边自读。

学生自读的成功离不开教师的主导作用。自读不是学生随心所欲、漫无目的地“自由”阅读，而是一个有目的、有计划的训练过程。目的性和计划性是自读取得成效的决定因素，也是教师在自读式教学中发挥主导作用的两个主要方面。

2. 教读式

这是学生在教师的具体辅导下进行的阅读训练。教读必须与自读同步进行，或先教后读，或先读后教，或边教边读，简言之，教读就是要教会学生自读。

所谓“教的艺术”，说到底就是教师鼓励学生主动学习的艺术。教读，要求教师在以下几个方面有效地发挥自己的主导作用：第一，激发学生的阅读兴趣。第二，指导学生掌握阅读方法。第三，帮助学生克服阅读中的困难。为了帮助学生克服困难，教学方法中的讨论法、点拨法必然是教读中的“常规武器”。

3. 练习式

这里的“练习”，指的是学生在学习新课以后，完成一定的口头或书面的作业。练习的目的，一是对新获得的知识加深理解，强化记忆；二是促进知识的迁移。下面是几种常见的练习类型：

（1）以记诵或积累知识为主的练习。这类练习形式主要有朗读、背读、抄读等。

（2）以消化知识为主的练习。这类练习主要有问答题、划分文章层次、揣摩作者思路、分析文章特点，以及写作练习中的改写、续写等。

（3）以应用知识为主的练习。这类作业可以是分解的，也可以是综合的，小到用一个词造句，大到借鉴课文的写作。作业无论大小，都必须为学生创造应用知识的情境。

(4) 评价性作业。评价，包括鉴赏和评论。评价能力是一种较高层次的阅读能力。评价能力本身也有不同的层次。因此，培养学生的评价能力从中学低年级就可以开始，先布置一些简易的评价性练习，随着年级的递增，再逐步提高练习的难度。

4. 复读式

这是一种复习性的阅读训练形式。把若干篇已经教过的课文按一个中心组成复读单元，指导学生读、想、议、练，既“温故”，又“知新”，这就是复读。根据训练的目的来划分，复读大致有以下三种：

第一，以知识归类为目的的复读。

第二，以比较异同为目的的复读。

第三，以求得规律性知识为目的的复读。

概括地说，语文导读法以学生自己的阅读实践为理论设计的基点，以培养学生的独立阅读能力为主要目标。导读是否有效，决定于教师能否导之有方和学生能否读之得法，而这两者又是相得益彰的。

叶圣陶先生有句名言：“教是为了不教。”这正是钱梦龙构思语文导读法的“战略目标”之所在：从理论和实践上找到一条从“教”通向“不教”的桥梁，以便学生最终能够摆脱对教师的依赖，成为不仅在学习上能够自主，而且在观念上、意志上，以至整个人格上都能够真正自立的人。

四、名师课例及点评

《愚公移山》教学实录（节选）

执教老师：钱梦龙

师：上一课（指正式上课前用20分钟时间让学生自读课文）同学们自读了《愚公移山》，我检查了一下，同学们学习得很好，老师非常满意！现在我们先一起来把文章朗读一遍，好吗？（学生齐声朗读全文。读毕，有学生提出“亡”字错读成了 wáng，教师让学生共同订正）

师：下面请同学们提提看，在自读中有什么问题。

生："河曲智叟"的"曲"是什么意思？

师：谁会解释这个"曲"字？都不会？那就请大家查字典。

生（读字典）：曲，就是弯曲的地方。

师：嗯，这个解释选对了。后面还举了什么词做例子？

生：河曲。

师：对。河曲就是黄河弯曲的地方。你们看，有些问题一请教字典就解决了。还有别的问题吗？

生：第一段里的"本在冀州之南，河阳之北"，为什么这里用个"本"字？

师：嗯，这个问题提得好。谁能帮助这位同学解决这个问题？

生：因为太行、王屋二山后来搬走了，不在这个地方。

师：说得真好！这个"本"字是跟后文相呼应的。这个问题提得好，解决得更好，说明同学们能够思前顾后地读文章了。（随机指点读文方法。榜样取自学生，也许比空谈方法效果略胜）

生："残年余力"是什么意思？

师：噢，"残年余力"，谁能解释这四个字？

生："残年余力"是说老人力气不多了。

师：好，意思讲对了！这个"残"字，我们来明确一下它的含义，好吗？请查字典。

生（看字典回答）：残，就是剩余的。

师："残"跟"余"在这里意思是一样的吗？

生（齐声）：一样！

师：一样，对了！愚公快九十岁了，余下的日子不多了，剩下的力气也有限。再请大家说说看，"以残年余力"这个"以"怎么讲？

生：用，因。

师：这样解释，在这里适用吗？你说。（指定一学生回答）

生：这里解释为"凭"好。

师：对，解释为"凭"好。"以"作"凭"讲，文章里还有别的例子吗？（要求学生从课文中再找别的例子，促使学生举一反三，把知识

学活。下面找“之”字属同一意图）

生：愚公妻子讲的“以君之力”，这个“以”字用法一样。

师：对！还有没有问题了？

生：“出入之迂也”，这个“之”字不会解释。

师：噢，这个“之”字的用法可能没有学过，你们大概都不知道吧？

生：“之”是结构助词。

师：讲得很好！我以为没有人知道了。是结构助词，不过这个结构助词用法有点特别，你们看，如果要翻译这个句子，这个“之”字要不要翻译出来？

生（齐声）：不要！

师：那怎么个译法？

生：出出进进都要绕远路。

师：讲得对！你们看前面还有没有同样用法的“之”字？

生：“北山之塞”的“之”，用法一样。

师：找对了！同学们还有别的问题吗？（稍顿）没有问题了？很好，说明大家都懂了。你们看，许多问题大家一起来思考，不是都解决了吗？这说明同学们经过自己的努力是能读懂这样的文章的。（趁势给予鼓励，既是总结上面的活动，更是为了进一步活动的需要）现在，老师来问你们一些问题，看大家真的读懂了没有。这篇寓言共写了几个人？我们先来把他们列出来，大家一起说，我来写，好不好？（从列人物表开始，使学生觉得入门不难）

（学生们纷纷发言，黑板上最后出现了一个人物表：愚公、其妻、其子孙、遗男、智叟）

师：我们先来熟悉一下这个人物表。大家说说看，这个老愚公有多大年纪了？

（学生纷纷回答，有人说“九十岁”，有人说“九十不到”）

师：到底是九十，还是九十不到？

生（齐声）：不到。

师：不到？从哪里知道的？

生："年且九十"，有个"且"字。

师："且"，对！有的同学看书仔细，有的同学就有些粗心。那么，那个智叟是年轻人吗？

生（齐声）：老头。

师：怎么知道的？

生（齐声）："叟"字呀！

师：啊，很好。愚公和智叟都是老头子。那么，那个遗男有几岁了？

生：七八岁。

师：你又是怎么知道的？

生：从"龀"字知道的。

师：噢，"龀"。这个字很难写，你到黑板上写写看。（生板书）写得很好。"龀"是什么意思？

生：换牙。

师：对，换牙。你看这是什么偏旁？（生答："齿"旁）孩子七八岁时开始换牙。同学们不但看得很仔细，而且都记住了。那么，这个年纪小小的孩子跟老愚公一起去移山，他爸爸肯让他去吗？（"他爸爸肯让他去吗？"此问的本意在于了解学生是否掌握"孀妻""遗男"二词，问在此而意在彼，谓之"曲问"。前面问"愚公有多大年纪？""智叟是年轻人吗？"都是曲问的例子。问题"拐个弯"，容易激发学生思考的兴趣）

（生一时不能回答，稍一思索，七嘴八舌地说："他没有爸爸！"）

师：你们怎么知道？

生：他是寡妇的儿子。孀妻就是寡妇。

师：对！遗男是什么意思？

生（齐声）：孤儿。

师：对了！这个孩子死了爸爸，只有妈妈。你们看书的确很仔细！再请你们计算一下：这次参加移山的一共有多少人？

生：五个人。

师：你们怎么知道的？

生：一个是愚公，一个是遗男，还有愚公的三个子孙。

师：三个什么样的子孙？

生：三个会挑担的，“荷担者三夫”。

师：你们怎么知道愚公自己也参加了呢？

生：“遂率子孙荷担者三夫”，是愚公率领了子孙去的。

师：啊，讲得真好！那请你再说说看，“遂率”前面省略了一个什么句子成分？

生：主语。

师：主语应该是什么？

生：愚公。

师：好！愚公遂率子孙荷担者三夫，主语补出来，人数很清楚，一共五个人。（计算人数，既是了解文章内容的需要——人少而移山，更见任务之艰巨，也是为了落实古汉语“主语省略”的常识）人物我们搞清楚了，下面再看看，这个寓言写了一件什么事？（由人而及事。但事在人为，知事正是为了识人）

生（齐声）：移山。

师：这件事做起来难吗？从文章里找出句子来说明。

生：很难。文章里有“高万仞”“方七百里”两句。“高万仞”就是很高的意思，“方七百里”就是方圆七百里。山又高又大，很难移。

师：说得很好。移山的任务越艰巨，就越能显示出人们不同的精神面貌。（认识人们不同的精神面貌，是“轴心”所在，也是整个教学设计的“主心骨”）

接下来让我们根据这张人物表上出现的人物，来看看他们对待移山这件事的不同态度。文章里有两个人讲的话差不多，你们看是谁啊？

生：愚公妻和智叟，他们两人的态度差不多。

师：差不多吧。好，我们就先把他们两个人的话一起读一遍吧，比较比较，看看两人的态度究竟是不是一样。（“疑似之迹，不可不察”，教学中此类比较，最易激活学生的思维）

（学生朗读）

师：想一想，他们的态度一样吗？

生：智叟讲愚公很笨，太不聪明了。愚公妻没有讲。

师：你再说说看，智叟讲的这个句子是怎样组织的？

生：倒装的。

师：那么不倒装该怎么说呢？

生：汝之不惠甚矣。

师：你知道为什么要倒装吗？

生：强调愚公不聪明。

师：对，把“甚矣”提前，强调愚公不聪明到了极点。这句话愚公的妻子是没讲的。这里有一点不同。（不同之一：对愚公的看法不同。落实倒装句知识）我们再来看一看称谓，愚公妻称愚公什么？

生（齐声）：君。

师：那么智叟称愚公——

生（齐声）：汝。

师：这两个词有区别吗？

生：“君”表示尊重，“汝”却很不客气。

师：嗯，好！我再把这个“汝”简单地讲一讲。长辈对小辈，地位高的人对地位低的人，一般用“汝”。平辈之间用“汝”，就有些不尊重的意思。智叟叫愚公为什么用“汝”啊？

生：智叟看不起愚公，因为他觉得愚公笨。

师：对，这是又一点不同。（不同之二：对愚公的称谓不同。落实古汉语中称谓的常识）

…………

（本实录中的仿体字部分系执教者自述教学设计的意图。本实录节选自钱梦龙：《我和语文导读法》，人民教育出版社 2005 年版，第 195～215 页，有删改）

课例点评

以上教学实录选自钱梦龙老师执教《愚公移山》课例的第一学时。虽然这是约 40 年前钱老师上课的课例，但在中小学课程改革推行已 20 余年的今天，依然对我们的语文教学有着深刻的启迪意义。仅从以下几点略述：

第一，学生的主体地位极为突出。学生是学习和发展的主体。教师的教是为学生的学服务的，学生是教学活动的唯一中心，学生的发展是一切教学的终极目标。钱老师在几十年前就率先提出了学生是教学中的主体的先进观点，并引发了全国教育界的热烈讨论，这不是偶然的，而是与他在语文教学实践中的积极探索密切相关。在这个课例中，学生的主体性得到了最充分的尊重，表现在以下几个方面：首先，正式上课前留给学生充足的时间自读课文，读完先请学生提出在课文基本理解方面遇到的问题，再通过师生互动解决这些问题，而不是一切问题都由老师来提出，或者直接用讲授的方法向学生灌输老师对课文的解读。其次，在一个学生提出一个疑难问题之后，老师首先会问其他学生有没有人能回答，请能回答的学生来回答，然后老师来做一定的补充或解释，并且给予解答问题的学生热情的肯定与表扬。这样，极大地调动了学生主动思考和参与互动的积极性。最后，教师自己的提问目的性、针对性极强，问题都是针对学生学习课文时的重点、难点、疑点来提的，目的都是激发学生的思考以及确保学生对相关知识已正确掌握。例如，老师提的“愚公多大年纪”“小孩子的爸爸让他去吗”，以及“移山这件事做起来难吗”等问题，都是为了帮助学生理解课文中的某些词语、句子或段落而特意设计的，教学效果极佳。

第二，教师的主导作用发挥得恰当且充分。本课例中，教师对学生学习的引导是建立在尊重学生主体地位的基础上的，主导作用发挥得很恰当。而且，教师的主导作用发挥得很充分，当问则问，当讲则讲（讲，包括教师的答疑讲解和对学生表现的评价、激励以及对学生思考方向的引导等）。新课程改革之后，曾经也出现过部分教师因为担心别人批评自己不尊重学生的主体地位而在教学中不敢预设问题、不敢做必要的讲解等情况，实在是对教师在教学中的地位以及师生相互间关系的误解！如果教师在教学中不能发挥应有的主导作用，教师的职责何在？教师与学生的区别何在？其实，钱老师的“三主”理论早就深刻阐明了学生的主体地位和教师的主导地位之间相辅相成的关系。

例如，本课例中，钱老师引导学生举一反三，从文中找出另外的同样用法的有“以”字和“之”字的句子，提问愚公多大年纪，提问引导学生比较愚公妻和智叟两人对待愚公的态度，等等。这些提问都非常好地激发、引导了学生对课文中重点知识、问题的思考与理解。

第三，教师的提问得当且非常巧妙。由学生自己发问与教师直问、曲问、反问等各种提问方法运用得自然、恰当又巧妙。另外，钱老师在教学中对学生学习心理的关注也值得学习，通过肯定、表扬、鼓励学生的课堂表现，很好地激发了学生进一步努力思考和参与课堂活动的主动性、积极性。

（点评者：王随仁）

五、课后实践任务

（1）钱梦龙的“三主”教学理念在当今的中小学语文教学中应当如何更好地践行？

（2）钱梦龙强调训练的理念在当今的语文教学中是否不再适用？

（撰稿：王随仁）

第六讲　洪镇涛与语感教学

一、学习目标

（1）掌握洪镇涛语感教学的主要理念。

（2）学习洪镇涛语感教学的实施策略。

（3）掌握比较揣摩的语感教学方法。

二、名师简介

洪镇涛，1937 年生，语文教育家，湖北省语文特级教师，原武汉六中教师。创立语文教学本体论，“学习语言语感教学派”的创派和代表人物。20 世纪 80 年代，他先后提出变“讲堂”为“学堂”、变“研究语言”为“学习语言”的语文教育思想。90 年代，他率先提出语感教学的主张，并开展了长期的语感教学研究，形成了完善的语感教学理论与实践体系，著有《洪镇涛语感教学实录》，主编开明版《中小学语文实验课本》。

三、名师教育观

洪镇涛是语文语感教学的创始人和代表人物。

（一）语感教学及其教学理念

什么是语感教学？按照洪镇涛的说法，语感教学（亦称语文本体教学），是以语言为本体，以学生的发展为本体，以语感训练为主要教学手段，以培养语感从而提高学生理解和运用民族语言能力为主要目的的一种教学体系。

要想准确和深入地理解语感教学，我们需要了解其相关理念。

第一条理念——语感教学要以语言为本体。语感教学亦称语文本体教学，语文课的目的是教孩子们学语言，即学习作者如何运用语言文字来表情达意、叙事状物。学习语言才是语文课有别于其他课程的个性和本质特点。组织和指导学生学习语言（不是研究语言）是语文教学的根本任务，至于思想教育、思维训练、审美陶冶等都是派生的任务，是在教学生学习语言的过程中体现出来的，是与学习语言自然地、和谐地融为一体的。如果脱离语言去一味追求人文，那必然会导致语文课的异化。分清根本任务和派生任务，明确二者的关系不是并列的姊妹关系而是包孕的母女关系，那么，语文教学内部的关系就可以理顺了，语文课就可以教成真正的语文课了。

第二条理念——语文教学要着力培养语感。语感是一种语言修养，是对一种话语系统的敏锐感觉。它是在长期规范的语言感受和语言运用中养成的一种带有浓厚经验色彩的比较直接迅速地感悟语言的能力。在长期的语言实践和有意识的语言训练中，词语含义、语法规则、修辞手法、文章图样、文意、文情、文序、文境、文势、文术等，往往以“格”的形式在人们的头脑里固定下来。正确的“格”越多，越固定，语感就越强。语感强的人，看一篇文章，听一番谈话，不仅可以迅速领会其内容，还可以直觉地判断其正误、优劣。与“格”契合者为正，为优；与“格”悖谬者为误，为劣。同样，在运用语言时，可以不假思索，即不必考虑词语含义、语法规则、修辞手法、语言结构等。正如乐感是音乐能力的核心一样，语感是语文能力的核心，语文教学要着力培养学生的语感。

第三条理念——学习语言要遵循的途径，即感受—领悟—积累—运用。从本质来看，语文教学不是一种知识体系，而是一种能力建构。学生语文能力的形成，主要靠语言实践，即在听、说、读、写实践中，感受语言—领悟语言—积累语言—运用语言。学习语文，主要不在于获取语文知识，而在于吸收和积累语言，习得和积淀语感，从而形成理解和运用语言的能力。新课标对语文课程性质的论述为“语文课程是一门学习语言文字运用的综合性和实践性课程”，这与语感教学的理念有密切的联系。

具体地看，感受，指对语言材料（包括内容和形式、思想和情感）的整体感受，这就不只是认知意义上的，还有情感上的。领悟，主要指对语言运用之妙的领悟，而不是指对思想内容和写作形式的透彻理解。积累，不能理解为单纯的孤立的词语积累，而是文道统一的、内容和形式一体的语言的积累。语言的积累，不仅积累了语境中动态的词语，同时积累了思想和感情、知识和文化，并且从语言运用的分寸感、和谐感、情味感方面综合学习，有利于提高语感能力。运用，指运用语言表情达意、叙事状物，而不是指孤立的语文知识的应用。感受，是学习语言的前提；领悟，是学习语言的关键；积累，是学习语言的基础；运用，是学习语言的目的。从感受到运用的过程，是学生在教师的指导下，以感性习得为主的过程，是学生借助语言知识切身感悟语言意蕴和语言规律的过程。

（二）语感教学的实施策略

洪镇涛的语感教学主要包括如下一些策略：

其一，语感实践与语感分析并重。

其二，把握四个结合，即语感教学与思想教育相结合、语感教学与思维训练相结合、语感教学与审美陶冶相结合，语感教学与语文知识传授相结合。

其三，加强与生活的联系，包括在课堂上利用学生的生活体验教学生学语言，以及把课堂教学延伸到课外，组织和指导学生接触生活、体验生活，在实际生活中学习人民群众生动活泼的语言，并运用语言服务于丰富多彩的生活。

其四，建立语感教学的常规课堂教学结构，即感受语言——触发语感，品味语言——生成语感，实践语言——习得语感，积累语言——积淀语感。

其五，设置七种课型：①语言教读品味课；②语言自读涵泳课；③语言鉴赏陶冶课；④书面语言实践课；⑤口头语言实践课；⑥语言基础训练课；⑦语文能力测评课。

其六，采用教师指导下的学生主动、合作、探究的学习方式。

其七，运用多种方法。一是美读感染法。根据文章内在要求，准确安排停顿、处理重音、调控速度、把握语调，把文章朗声诵读出来。通过这样的美读，让学生耳与心谋，感悟语言的意蕴、情感、韵味，以培养语感。二是比较揣摩法。对文本的标点、字词、句子或段落，采用加一加、减一减、换一换、调一调、联一联、改一改、读一读的办法，让学生在比较中体味语言运用的妙处，以培养语感。三是语境创设法。根据教学需要，创设特定的语言情境，让学生设身处地，以特定的身份，参与语言活动，从动态语言中获得语感。四是切己体察法。在学习课文语言时，指导学生结合自己的生活经历和生活体验，去体察语言的意蕴、情感和韵味，以培养语感。

下面重点说一下比较揣摩法。比较揣摩法其实也属于语感分析的内容。语感教学的主要手段是实施语感训练。语感训练包括两个方面：一是语感实践，二是语感分析。语感实践，就是指导学生感受语言材料和运用语言，也就是说，让学生多听、多读、多背、多说、多写成套的语言，这是语感形成的基础。但仅有语感实践是不够的，为了使学生对语言的感觉从无意识的自发状态提高到有意识的自觉状态，还要有语感分析，即分析语言的运用。比较揣摩是分析语言最重要的方法，包括加一加、减一减、换一换、调一调、联一联、改一改、读一读等。

加一加，就是采用在课文上增加标点、字词、句子或段落的办法，让学生比较、推敲、品味语言使用的妙处，形成语感。

例如，李季的《王贵与李香香》原稿上有这么两句话："我一个死了不要紧了，千万个穷汉后面跟。"后来修改时，作者把"了"字去掉了。老师指导学生作语感分析时，可启发学生：在"我一个死了不要紧"后面加个"了"字好吗？经过讨论，学生认识到，这样不好。因为课文每行是 7 个音节，这一行加"了"就变成 8 个音节，节奏就不统一了。还有，两行诗是押韵的，"紧""跟"是韵脚，加"了"韵脚就不协调了。这样可以培养学生对语言使用的和谐感。

减一减，就是采用在课文上删减标点、字词、句子或段落的办法，让学生比较、推敲、品味语言使用的妙处，形成语感。

例如，鲁迅的《记念刘和珍君》中有一段话："我没有亲见；听说，她，刘和珍君，那时是欣然前往的。"老师启发学生：这段话看来有点啰唆，删去三个逗号和一个"她"字，变为"我没有亲见，听说刘和珍君那时是欣然前往的”，不是更简练吗？改后确实更简练了，但正如生活中人们往往用语不成句的话诉说极伤心的事一样，原文这断断续续的语言形式，正是极为准确地表达了鲁迅当时极其悲痛的心情，这样写符合特定语境。这样的讨论可以培养学生对语言使用的适境感。

换一换，就是采用置换课文的标点、字词、句子或段落的办法，让学生比较、推敲、品味语言使用的妙处，形成语感。这是语感分析最常用的方法。

例如，老舍的《龙须沟》中有这么一句话："修这条从来没有人管的臭沟。"原稿上写的是："修这条永远没有人管的臭沟。"老师可启发学生：把"从来"换成"永远"可以吗？经过讨论，学生会认识到，"永远"的意思是时间长久，没有终结，包括过去、现在和未来。事实上，新中国成立后人民政府就来管这条沟了。"从来"，意思是从过去到现在，并不包括今后，用在这里，意思周密。这样可培养学生对语言使用的逻辑严密感。

调一调，就是采用调整课文的词序、句序、段序的办法，让学生比较、推敲、品味语言使用的妙处，形成语感。

例如，郭沫若的《天上的街市》：

远远的街灯明了，
好像闪着无数的明星。
天上的明星现了，
好像点着无数的街灯。

老师可以启发学生：把1、2行和3、4行调换次序，变成"天上的明星现了，好像点着无数的街灯。远远的街灯明了，好像闪着无数的明星"。这样好吗？让学生认识到，作者是由人间的街灯联想到天上的明星，进而想象出天上的街市。这是一个由实到虚的过程，很自然。如果变成由明星联想到街灯，越写越实，就难以引出想象中的天上的街市了。这样可以培养学生对语言使用的虚实搭配相宜感。

联一联，就是采用联系前后的词语、句子或段落的办法，让学生比较、推敲、品味语言使用的妙处，形成语感。

例如，孙犁的《荷花淀》中有一句"苇眉子在她怀里跳跃着"，老师可启发学生联系前文的“柔滑修长”“又薄又细”等词语，体味“跳跃”这个词用得好，它生动形象地表现了水生嫂编席动作的轻巧、敏捷。这样可以培养学生对语言使用的生动形象感。

改一改，就是采用比换一换动作更大的对标点、句子或段落作修改的办法，让学生比较、推敲、品味语言使用的妙处，形成语感。

例如，如果把《文学和出汗》中的一段话改为：“我们不能说流传的便是好文学，消灭的便是坏文学，正如不能说抢得到天下的便是王，抢不到天下的便是贼一样。不能让中国式的历史论影响我们的文学论。”在情味上有什么变化？学生会认识到，改后变成了正面说理，给人一种亲切感，但失去了原文驳斥敌论那种泼辣犀利的风格。这样可以培养学生对语言使用的情味感。

读一读，就是采用朗读的办法，让学生比较、推敲、品味语言使用的妙处，形成语感。

例如，曹禺的《雷雨》中，侍萍向周朴园提出想见周萍时，周朴园说道：“他现在在楼上陪着他的母亲看病，我叫他，他就可以下来见你。不过是——（顿）他很大了，——（顿）并且他以为他母亲早就死了的。”

老师可指导学生朗读这段话，特别要把两处“顿”的感觉读出来。让学生揣摩这段话的潜台词：他已经是一位成年的少爷了，他不会承认一个老妈子是他的母亲——他不可能认你。这样可以培养学生对语言使用的弦外有音感。

通过这七种方法对语言的揣摩，学生的语感能力会在日常学习中日积月累，逐步发展。

四、名师课例及点评

《天上的街市》课堂实录（部分）

执教老师：洪镇涛

师：同学们好！

生：老师好！

师：今天，我们来学习郭沫若的一首诗——《天上的街市》（板书课题及作者，边板书“沫”字，边说），注意，“沫”字右边上面一横长，下面一横短，不要写成了“未”字。

下面，我把这首诗读一遍。有一个要求，请同学们一边听我朗读，一边想象这首诗描写了什么样的一幅画面。也就是要求同学们把诗歌语言变成散文语言，用散文语言来描述这首诗写的什么内容。这个要求你们明白吗?

生：（纷纷地）明白了。

师：好。要注意用自己的话说。不是背书，但是诗歌内容的基本意思要说出来，要呈现出画面；还要注意一点，用散文语言来复述内容的时候，不要把诗里面的“我”，就是诗人给丢掉了。听明白了吗?

生：（有的点头，有的说）听明白了。

师：好！下面我就朗读一遍。大家不看书，看我就行了。（用柔和舒缓的语气，有激情地朗诵。朗诵全诗，用了 1 分 30 秒）

…………

你们刚才听我朗读，觉得在读这首诗的时候，应该用什么样的语调，什么样的节奏？语调是——（板书：语调）激昂还是柔和的呢?

生：（有的，小声）柔和。

师：哦，柔和的。（板书：柔和）节奏呢?

生：（有的，小声）缓慢。

师：好，舒缓吧。（板书：节奏——舒缓）

现在请同学们各自用柔和的语调、舒缓的节奏把它读一遍，不要齐读，各人放声读，大胆读。

（生各自读，声音很小，师大声鼓励：“大声读!”以上用了 12 分 20 秒）

师：好，大家读了一遍。现在我们来深入学习这首诗。你看这首诗不长，语句也通俗易懂，一看就明白。但是，我们深入进去，还有很多地方值得我们品味，值得我们揣摩，值得我们学习。

下面，我们采用这个方法好不好？我先提出两个问题，然后你们仿照我提问的角度和方法，你们自己来提出问题，自己来解决问题，好不好？

（生有的点头，有的说“好”）

我们看第一节，（师读第一节后）我现在把“天上的明星现了”，这“现了”两个字换一换，换成“亮了”。“天上的明星亮了，好像点着无数的街灯”，行不行？好，好多人举手了，（指定一学生）你说。

生1：当夜幕降临的时候，如果用“亮了”就体现不出来，用“现了”就能体现出来。

生2：天上的星星一直都是亮着的，一直都发出亮光。只是平时是太阳的光芒把它们的光芒掩盖住了，当黑夜来临，太阳被地球挡住了，这个时候才能看见其他恒星的光芒，所以应该是“现了”而不是“亮了”。

师：（高兴，喜悦地）好！他运用了科学知识。因为星星没有由暗到亮的过程，只有由隐到现的过程，对不对？回答得很好！而且既然称为“明星”，这儿用“亮了”好不好哇？（生齐答：“不好。”）明星就是亮的嘛，那不是重复了吗？好，我现在提第二个问题。第一节有两句话，我现在把这两句话颠倒一下，行不行？（朗读）“天上的明星现了，好像点着无数的街灯。远远的街灯明了，好像闪着无数的明星。”（略顿）换了个位置，怎么样？哦，好多举手的呀，（指定一学生）你说。

生：我觉得不行。因为他首先是由人间的街灯联想到天上的明星，然后再由天上的明星，很自然地联想到天上的街市，又由天上的街市想到天上的人物。所以不能颠倒。（在生回答时，师板书：街灯）

师：噢，他从作者联想的过程来看，说这样不妥当，是不是啊？（生纷纷答：“是。”）他说得有没有道理呀？（生纷纷答：“有。”）嗯，有道理。

（边讲边板书）作者先是看到了远远的街灯，于是联想到了天上的什么？明星。然后由明星就想到了什么？想到了天上的街灯。由街灯就想到了天上的街市。哦，天上也有美丽的街市。那么这个街市上面陈列的一些物品，定然是世上没有的珍奇。然后想到什么？还有人啦，就想到什么人呢？哦，牛郎织女，牛郎织女在天街闲游。

这里哪是实实在在看得见的东西呢？“街灯”是不是？

生：是的。

师：还有什么？

生：（齐）明星。

师：这是实。先看到的是实景，然后由街灯就联想到明星。由明星就想象到天上的街灯，由街灯再想象到天上的街市，想象到天上的人物。这实际上是由实到什么？对，到虚的过程。首先是联想，然后是想象。

（此处板书）

街灯 → 明星 → （天上的）街灯 → （天上的）街市 → 牛郎织女 天街闲游

（实）——联想——想象——（虚）

师：很好。你看，由此看，这两句诗就不能改了，是不是？同学们答得很好！那么，同学们发现没有？我刚才提的两个问题都是从作者怎么样运用语言的角度提的。第一个问题涉及用词的准确性，第二个问题涉及这首诗构思的问题了。请同学们也从语言运用的角度，学习我提问的方法，我是运用了什么方法？

生：（有的）推敲，比较。

师：对，我用的就是比较揣摩法。现在请同学们也运用我提问的角度和方法，自己来提出问题、解决问题。下面，一张桌子三个人，算一个小组，可以互相讨论，好不好？大声说话没关系。怎么一说讨论就不敢说话了呢？（以上用了 20 分钟）

（同学们先小声嘀咕，老师走向同学们中间，时而鼓励，时而参与讨论，继而同学们的讨论热烈起来）

师：现在，请大家提问题。

生 1：第 3 小节，“定然是不甚宽广”，为什么这个地方不直接写“那定然是很狭窄”，而用了否定句呢？

师：哦，“那浅浅的天河，定然是很狭窄”，好不好？

生 1：我想，如果用“很狭窄”，就太绝对了，语言就不灵活、不自然。而且“不甚宽广”和后面的“骑着牛儿来往”押韵。

师：对，她从押韵的角度考虑，很好。她自己提出问题，自己解决了。挺好！哪位同学再提？

生2：这首诗的第2节，用了个“定然”。这是诗人的联想和想象，那为什么要用“定然”呢？

师：对，我怎么没想到这个问题呢？把“定然”换成“可能”不好吗？好，这位同学，请你自己解决问题。

生2：我想，这里用“定然”，是坚信这个美丽的街市是存在的。

师：哦，说得挺好。作者坚信美丽的街市是存在的。“定然有美丽的街市啊”，是种肯定的语气，对不对？如果说“可能有美丽的街市”，那就不可靠哩。可能有，也可能没有，是不是？当然，前面用了个“我想”，说明了是作者想象的。你看，这个同学也是自己提出问题，自己解决问题。很好，很有水平。再来，哦，好多同学举手……

（节选自董明旺：《洪镇涛：打开“学习语言”的大门》，湖北教育出版社2001年版，第108～118页，有删改）

课例点评

1996年12月，洪镇涛老师在“洪镇涛语文教学思想及其教学艺术研讨会”上讲了《天上的街市》这节课，这节课可算作是洪镇涛教学思想与教学艺术的一个典型体现。从洪老师的语感教学思想出发，我们可以作如下思考：

首先，抓住学习语言的根本。语感教学是以语言为本体，目的在于培养理解和运用语言的能力。《天上的街市》虽然是一首诗歌，其语言明白易懂，甚至还带有一些口语特征。表面看来，其语言没有什么值得揣摩与品读之处。但是洪老师却引导学生读出了许多新意，读出了许多语文的味道。他先给学生示范具体的比较揣摩方法，如采用换一换的方法将“天上的明星现了”中的“现了”换成“亮了”，引导学生体会二者的不同。还采用调一调的方法将“天上的明星现了，好像点着无数的街灯；远远的街灯明了，好像闪着无数的明星”这一节前面两句和后面两句互换位置，体会表达效果。在这样的比较揣摩中，学生的积极性得到了充分的调动，接下来的学习完全是学生的自主、合作、探究，而且有许多新的发现，学生从中品味到了诗歌的语言艺术。

其次，以诵读作为抓手，美读与吟诵相结合，体现出洪老师所提出的“美读感染法”的特点。文学作品需要美读，在美读中才能进入作品的意境。洪老师在教学一开始便引导学生有感情地朗读诗歌。例如，用柔和舒缓的语气，有激情地朗诵全诗。让学生联想诗歌的画面，进入诗歌描绘的意境。朗诵只是第一步，更重要的是要通过朗诵进入意境，洪老师在其后对诗歌语言的比较揣摩中也结合了朗读来品味语言，达到培养语感的目的。例如，在比较“远远的街灯明了”一句中“远远”一词与“遥远”一词的区别时，便借助朗读，体味二者的区别：“远远”是叠词，读起来押韵，有音乐美，比“遥远”更准确。在对诗歌语言进行具体品味后，洪老师还带领学生用“柔和的语调和舒缓的节奏”朗读整首诗歌，以从整体上品味全诗饱含的对美好生活的向往之情。

再次，在课堂中引导学生开展自主、合作、探究学习。语感是一种个人体验，必须通过个体主动地深入地体验和感悟，才能形成。教师的指导和点拨是必要的，但不能以教师的讲解代替学生的感悟。因此，要变“讲堂”为“学堂”，采用教师指导下的学生主动、合作、探究的学习方式。洪老师尊重学生的认识潜能与创造潜能，着眼于培养学生自主的精神和良好的自学习惯，再具体一点说，就是下决心让学生学会自己动脑筋，不让学生专门等待现成的结论。这些都具体体现在这一节课的教学中，特别是对语言的比较揣摩中。学生的学习潜能在洪老师的引导下得到了很好的激发。

洪老师早在20世纪90年代就提出语感教学。站在今天，回望从20世纪末到21世纪初的历次语文教学改革，语感教学至今仍是新课程教学改革的重要内容。语文新课标明确提出“语文课程是一门学习语言文字运用的综合性、实践性课程”，将“学习语言文字运用”作为语文教学的最根本性任务，这和洪镇涛老师“学习语言”的教学思想完全一致。新课标指出语文课程应“引导学生丰富语言积累，培养语感”，总目标提出要“有较为丰富的积累和良好的语感，注重情感体验，发展感受和理解的能力”，明确地将培养语感作为语文教学的重要目标。这些都充分体现了洪镇涛老师教学思想的前瞻性，以及他在推进当代语文教学改革中的重要贡献。

（点评者：李志云）

五、课后实践任务

（1）阅读《洪镇涛语感教学实录》，学习洪镇涛语感教学的具体方法。

（2）找一找《义务教育语文课程标准》中有哪些关于“语感”的论述，思考新课程背景下我们应该如何实践语感教学。

（撰稿：李志云）

第七讲　李镇西与语文民主教育

一、学习目标

（1）熟知李镇西语文民主教育的主要观念。

（2）对李镇西的课堂教学有自己的思辨。

（3）能将语文民主教育运用到自己的教学实践当中。

（4）了解在《孔乙己》这一课中李镇西是如何用“牵牛鼻子”的方法对小说人物与主题进行教学的。

二、名师简介

李镇西，男，1958 年生，语文特级教师。1982 年毕业于四川师范大学中文系，2003 年 6 月获苏州大学教育哲学博士学位。先后在四川乐山一中、成都玉林中学、成都石室中学任班主任和语文教师。曾任成都市教育科学研究所教育发展研究室主任，现任成都武侯实验中学校长。从教 30 余年，李镇西以深具特色的教学风格和教育理念获得广大师生好评和专家学者赞誉。李镇西在语文素质教育、青春期教育、班级民主管理、后进生转化等方面成绩卓著，提出了一系列在全国产生轰动效应的教育理念，他的教育思想和实践模式在广大教师中有巨大的号召力。李镇西先后在全国 20 多个省、自治区、直辖市作教育学术报告数百场，上语文教学示范公开课 200 多堂，出版 30 多部著作。李镇西的著作成为十多年来中国教育教学类畅销书，很多学校、教育局把他的著作作为培训教材，教师人手一册。曾获“四川省中学语文特级教师”“全国优秀语文教师”“成都市有突出贡献的优秀专家”等称号，2000 年被提名为“全国十杰教师”。李镇西三十年如一日，满怀激情地对教育进行思考与探索。2007 年 7 月 31 日，时任国务院总理温家宝题词说：“他走的乡村平民教育之路是正确的，他和同事们通过提升教师、关爱孩子和影响家长三件事，使孩子们享受优质教育，富有创意，符合实际，抓住了素质教育的关键问题。他们所从事的事业是高尚的，我向他们表示敬意。”

三、名师教育观

李镇西常形容自己是在“用身体写作”，因为他的每一个文字都来自教学实践。30余年从教之路凝结出深具“李镇西”特色的语文民主教育的精华。他坚持以学生心灵为起点，将课堂还给学生，倡导授予学生一生有用的语文素养。纵观他的语文课堂实录，能清晰感受到这一理念的逐渐丰富。

（一）李镇西的成长之路

从语文教学到语文教育，从语文素质教育到语文民主教育，李镇西在浪漫语文—训练语文—生活语文—创造语文—人格语文—民主语文的主题线索下，从未停止过课程研究。李镇西所有的教案都没有重复过，哪怕是同一篇课文，他也不会参照以前的教案。李镇西把每一篇课文的讲授都当作他的第一次，不曾停止的感悟和发现，令他不断处于收获之中。

“机遇、实践、阅读、写作、思考、个性、童心”，这些是李镇西30年从教之路的重要关键词。他坚守30年来一以贯之的教育理念：与青春同行，把每一个孩子放在心上！

李镇西称他不擅长纯理论思维，再加上他本身就是一线教师，因此他这一辈子就“用身体写作”——用实践说话，把理论文章让给别人去写，他愿意为他们提供研究的素材。

（二）课堂教学境界

“举重若轻，行云流水”是李镇西追求的课堂教学境界。

所谓“举重若轻”，是针对教师的内在功底以及对教材的处理艺术而言的。这里的“重”，指的是教师本人的文化储备和课文固有的文化内涵；“轻”则指的是深入浅出的教学。备课时，教师应该尽可能深入地钻研教材，挖掘文本的精神内核，感悟其深刻厚重的文化内涵；但是在课堂上，则要尽可能尊重学生的能力基础和认知水平，将课文深刻的思想内容和学生的生活打通，让他们轻松地感悟课文内容。任何因脱离学生实际而让学生不知所云的“精彩讲解”“深刻分析”，都不过是教师“举重若重”的自言自语。

所谓“行云流水”，是指驾驭课堂教学环节、流程、节奏等的艺术。语文课有多种上法，不能定于一尊，李镇西追求自然、潇洒与随意。如果把语文课比作画国画，那么有人喜欢画工笔画——追求课堂的精巧，甚至课前对每一个细小的环节都精心设计，因而胸有成竹，但李镇西不愿意画工笔画，而愿意画“大写意”，愿意课堂上有一些“突发情况”——这最能激发教师本人即兴发挥的教学灵感。不把课堂填得太满，留一些空间给学生，留一些空白给自己，让教学的流程随课堂现场的情况而自然推进，教师“教”的思路和学生“学”的思路融为一体。教师与学生不知不觉地走进对方的心灵，同时也走进课文的深处。

（三）阅读教学的起点

阅读教学的起点在什么地方？应该在学生的心灵。李镇西以前上课，往往是先抛出一两个他自己精心设计的问题——“牵牛鼻子”，然后组织研讨，在研讨中让学生理解课文内容。很多老师的公开课都喜欢这样展示讨论环节，但这样做的立足点在教师，而非学生。能不能让学生先提问？能不能尊重学生对课文的第一印象？能不能从学生的疑问开始我们的教学？完全可以。因为对一篇课文来说，首先是学生学，而不是教师学。因此，李镇西主张，要把（教师）“教”的过程变成（学生）“学”的过程，无论备课还是上课，都应该从学生的角度来思考、设计和操作。

（四）语文课堂究竟是“工具”还是“熏陶”

评价一个老师的课是否“语文”，恐怕不能只凭一堂课就下结论，否则所下的结论往往如盲人摸象般以偏概全。如果所上的课的重点是进行知识传授和能力训练，这样的课无疑是语文课；如果所上的课侧重于视野的拓展、思想的启迪、感情的熏陶，这样的课也很“语文”。

李镇西说：我们要着眼于整个三年，给学生一生有用的语文素养——知识、能力、思想、情感、习惯、信念、价值观等，而不是某一堂课的面面俱到。只要是从文本出发，从语言出发，无论是训练还是熏陶，都是语文课。管它“工具”不“工具”，或者“人文”不“人文”！从这里可以看出李镇西的语文教学重视学生的素养培养，“爱心”与“民主”是他语文教学的内核，这和他多年从事班主任工作是分不开的。

（五）理论和实践的关系

这是一个扯不清的话题，属于典型的“公婆”之争。理论指导实践，这是永恒的真理，但李镇西更相信：“理论是苍白的，生活之树常青。”杜威说过，我们所强调的，总是我们这个时代所缺失的。当人们不重视理论学习的时候，我们应该大力提倡理论学习；当理论泛滥而且其中不少理论是“伪科学”的时候，我们要竭力呼吁重视实践。当然，这也要因人而异。比如，对李镇西来说，最重要的是实践，而不是理论。令他反感的是，一些专家喜欢用理论来吓唬一线教师，总是有意无意地要教师们削实践之“足”去适应专家的理论之“履”。教师们在读这些专家的书时，总是感到自己的语文课根本就不是语文课，总是感到自己有这样的“认识盲点”和那样的“理论误区”，总是感到自己二十多年的语文教学真是在“误人子弟”。总之，越读越自卑，甚至连课都不敢上了，这就是典型的削足适履。

实际上，忠于语文又面对学生实际的课，就是好课。我们现在提的一堂好课的标准就是：有目标，有互动，有促进，有思考。在课堂教学领域教无定法，求新求奇并不一定就好。师生平等对话，在阅读中相互尊重、相互宽容就是李镇西追求的语文民主教育吧！

（六）什么是语文民主教育

李镇西认为，语文民主教育就是充满民主精神的语文教育，就是尊重学生各种精神权利的语文教育，就是给学生以心灵自由的语文教育，就是师生平等、和谐、共同发展的语文教育。

从根本上说，语文民主教育与语文素质教育是相通的。但是，要在教学中真正提高学生的素质，就必须站在民主教育的高度走进学生的心灵，面对每一个富有个性的学生。因为“真教育是心心相印的活动。唯独从心里发出来的，才能达到心的深处”（陶行知语）。缺少对学生的民主态度，具体说，就是离开了对学生人格的尊重和对其潜能的信任，离开了教育过程中精神与精神的交融、心灵与心灵的呼应，任何教育都不是陶行知所说的“真教育”，而只能是“伪教育”。

四、名师课例及反思

为什么说“大约孔乙己的确死了”
——《孔乙己》教学实录与反思

执教老师：李镇西

我引导学生进入课文：“好，现在请同学们快速阅读一遍课文，有什么不懂的问题请提出来，看谁的问题提得最多。”

学生独自默读、思考，我来回巡视。

一个男同学提问：“小说开头为什么要写鲁镇酒店的柜台‘和别处不同’，是‘当街一个曲尺型的大柜台’？”

我很高兴地说：“这位同学第一个提问了，很好！谁能解答这个问题？”

旁边一个男同学说：“我想是为了说明鲁镇独特的习俗，交代孔乙己生活的环境，这也属于环境描写吧？”

我说：“对，我认为可以这样理解。”

一个女同学问：“老师，第一段为什么要说‘这是二十多年前的事，现在每碗要涨到十文’？”

“好，谁来帮她解答？”我问大家。

一个男同学说：“这是为了说明物价上涨，人民生活水平下降了。”

他的回答遭到了一个女同学的反驳：“不对，我想应该是间接说明孔乙己生活的年代，因为读者从小说后面的落款日期‘1919 年’就可以大体推断出那是 19 世纪末发生的事。”

我说：“好，出现不同看法了。同学们想想哪个意见更有道理一些啊?”

学生们说:“后面一种意见更有道理些。”

我说:“对,我也同意后面一种意见。在这里,作者主要还是为了交代时间背景。”

一个男同学问:“‘咸亨酒店’为什么要往酒里羼水呢?”

这是一个我未曾想过的问题,但我告诉他:“酒店掌柜弄虚作假呗!看来假冒伪劣,从那时就有了!”

全场大笑,课堂气氛开始活跃了。

又一个男同学问道:“老师,课文上说孔乙己是‘站着喝酒而穿长衫的唯一的人’,我想问一问,什么叫‘穿长衫的人’?”

我仍然转问其他学生:“好,有没有同学能够帮他解答这个问题呀?”

没有学生回答,大家都在思考。

我引导学生们回到课文里仔细研读:“我提示一下,在这里,‘穿长衫’表明什么?同学们可以联系第一自然段的那些描写衣着的语句思考。”

一个女同学说:“我想是表明一种身份吧,说明他是一个读书人,有一定的身份。”

“为什么?”我希望她说出依据,而且这个依据最好来自课文。

她说:“因为前面说‘但这些顾客,多是短衣帮,大抵没有这样阔绰。只有穿长衫的,才踱进店面隔壁的房子里,要酒要菜,慢慢地坐喝’。这说明孔乙己不是干体力活的人。”

我表扬道:“你能够联系前后文来分析,不错。其他同学还有没有什么问题?——又有同学举手了,请那位男同学提问。”

他站了起来,问道:“为什么作者在小说的结尾说‘大约孔乙己的确死了’?既是‘大约’,又是‘的确’,这好像是矛盾的。该怎么理解呢?”

我高兴极了!这正是我备课时设计的一个自以为能够牵一发而动全身的问题——紧扣“大约”“的确”两个词进行挖掘与分析,就可以从人物性格和社会环境两个方面深刻地理解这篇小说。本来我想一开始就抛出这个问题，但我忍了忍，还是期待学生提出来。可以说从第一个学生提问开始，我就等待着有人提出这个问题。我忍不住大声说："好，好，你这个问题有'科研价值'!"

学生们大笑。

我说："同学们别笑，这个问题的确值得研究。因为这个问题若弄懂了，这篇小说的思想内容、人物形象等方面的问题也就好理解了。好吧，我们这堂课，就来研究研究这个问题。在研究之前，我也向你们提出一个问题——孔乙己最后究竟死没死?"

学生们异口同声地说："死了!"

"依据何在?"

大家说："作者在结尾说孔乙己'的确死了'。"

我点了点头，说："嗯，孔乙己的确死了。同学们能不能再深入思考一下，孔乙己为什么会'的确'死去?"

学生们一下子沉默了。

我说："李老师给你们提示一个思路：一个人的命运取决于什么?"

一个女同学说："取决于他的遭遇。"

"很好，取决于他的遭遇。还有同学要发言吗?"我说。

一个男同学说："还取决于他所处的社会背景。"

我说："很好，他的遭遇和他所处的社会背景，就决定了他的命运。那么，我们来看看课文，孔乙己究竟有什么样的遭遇?他又处于什么样的社会背景之中?课文第一次正面描写孔乙己，是哪一段?"

学生们说："第四段。"

"好，我们就研究这一段。"我开始和学生们一起进入课文，"我们来看看作者通过描写孔乙己的哪些语言、行为，或者动作、神态，表现出了孔乙己怎样的遭遇，他面临着怎样的社会环境——一句话，他有着怎样的性格?"

学生们开始默读、思考，我来回巡视。

…………

我赞扬道："说得好极了！同学们分析的孔乙己的这些外貌、衣着、语言、动作等的变化，反映了他命运的恶化。"

我略微停顿了一下，又说："同学们注意，这一次是孔乙己最后一次出现在人们面前，以后他就消失在人们的视野中了。最后人们再次想起他，是出于什么原因呢？"

学生们说："孔乙己还欠着掌柜十九个钱。"

我不禁感叹道："看，在这样冷酷的社会里，孔乙己当然只有死路一条。如此看来，科举教育造就了孔乙己的病态人格，而社会环境又是如此冷漠，孔乙己的死是必然的了！除此之外，他别无选择。因此，鲁迅说他'的确'死了！既然这样，为什么鲁迅又要说'大约'呢？"

我打算引导学生分析"大约"，进而把握小说所反映的社会环境。一个女同学说："这表明那是作者的推测，因为'我'毕竟没有亲眼看见孔乙己的死。"

我问："那么有没有其他人看见孔乙己死了呢？"

学生们说："也没有。"

"为什么没有呢？书上有一句话是怎么说的？"我提醒学生们看书。学生们翻开书看了起来，不一会儿他们读道："孔乙己是这样的使人快活，可是没有他，别人也便这么过。"

我说："对，就是这一句话，表明了孔乙己的社会地位，也说明了不可能有人关心他的死活。如果说一个'的确'写出了孔乙己的性格必然导致悲剧的话，那么，一个'大约'则含蓄地表现了社会的某种特点！是什么特点呢？原文当然没有直接说出来，但有暗示。我提醒同学们想想，孔乙己被打折腿是在什么时候？"

学生们依然看书、思考，然后纷纷说："中秋节前后。"

我点了点头，说："对了，中秋节，即课文所说的'中秋前的两三天''中秋过后'。中秋节，正是中华民族阖家团聚的日子啊，可孔乙己却遭遇了什么？"

一个男同学举手发言："腿被打折了。"

"是啊，在阖家团聚的时刻，孔乙己却被丁举人吊起来打了大半夜，直至打折了腿！"我心情沉重地说，"鲁迅先生这样沉痛地写道，'秋风是一天凉比一天……'作者为什么要这样写？"

一个男同学说："说明了鲁迅先生对孔乙己的同情。"

我追问：“秋风和同情之间有什么联系？”

他说：“因为秋风是萧瑟的，而孔乙己的遭遇是非常悲惨的。这是用秋风来烘托一种感情，烘托一种气氛。”

我说：“很好，还有没有其他的理解？好，请那位举手的男同学说。”

他说：“我的理解是，这间接地写出了孔乙己的生命一天比一天萎缩。因为秋天是万物凋零的季节，是死亡的季节。这就暗示了孔乙己的必然死亡。”

我忍不住赞叹道：“说得非常好！我同意你的观点。‘秋风是一天凉比一天’，读到这里时，我深深地感到人心也是一天凉比一天，社会也是一天凉比一天，孔乙己的生命之火更是一天凉比一天！你刚才说秋天是死亡的季节，但实际上对人们来讲，秋天本来更是一个收获的季节，而在这样一个收获的季节，孔乙己连自己的生命都难以‘收获’，等待他的只有——死亡！读到这里，我相信任何一个有良心的读者都会感到心情沉重。同学们再看一看，孔乙己最后是怎样从人们的视线中消失的？请在原文中找答案。”

一个女同学说：“孔乙己是‘坐着用这手慢慢走去了’。”

我肯定她的发言道：“很好，这是对他个人的描写，而其他人又是怎样的神态呢？”

她说：“其他人都没看见。”

“没看见吗？请你再仔细看看课文。”

她看了看课文，说：“周围的人在‘说笑’。”

我说：“请你把这句话完整地读一遍，读出感情，好吗？”

她用沉重的语气缓缓读道：“不一会，他喝完酒，便又在旁人的说笑声中，坐着用这手慢慢走去了。”

“是啊，最后孔乙己就在旁人的说笑声中，慢慢走去了，也是永远地消失了！”我也沉重而缓缓地说：“同学们，现在我们可以说，‘大约孔乙己的确死了’，这个‘大约’隐含着社会的冷漠，这个‘的确’表现了孔乙己死亡的必然。冷漠的社会，造就了孔乙己的悲剧性格，也导致了孔乙己的悲剧命运！这个‘人’死了，这个社会也没有任何理由继续存在下去！如果说我们同情孔乙己的死亡，那么我们更有理由诅咒这个社会赶快灭亡！作者就是这样通过一个人写出了一个社会。”

我在课题“孔乙己”的下面板书了一个副标题——“一个人和一个社会”。

“好，我刚才写的这个副标题，可以看作我对这篇课文的理解。”我解释说，“现在，我希望你们也学李老师，给这篇课文加上一个副标题，表达你对这篇课文的理解或对孔乙己的认识，也可以是对课文的独特思考。”

学生们开始思考。

不一会儿，一个男同学举手说：“一个封建科举制度的牺牲品。”

我说：“好，可以。”

一个女同学站起来说：“我想用鲁迅先生的一句话来概括，‘一般社会对于苦人的凉薄’！”

我说：“很好，这位同学借用鲁迅先生自己的话来表达她对这篇课文的看法，很新颖，而且说明这位女同学课外阅读面是比较宽的，值得大家学习。”

又站起来一个男同学，他说：“无望的社会造就了无望的人！”

全场为他鼓掌。

我表扬道：“好，非常好！还有不少同学举手要发言，但对不起，快下课了，我不能再请更多的同学来回答了。如果时间允许的话，我想还会有更多的同学有更好的概括。我在这里布置一篇作文——孔乙己最后的日子。希望同学们能够接着鲁迅的文章继续写孔乙己，发挥你们的想象力写出他最后具体是怎么死的。注意，要符合孔乙己的身份和性格。”

下课铃响了，我以这样几句话结束了这堂课：“同学们，今天我和大家一起学习了鲁迅先生的《孔乙己》，倾听了鲁迅先生在20世纪初发出的改造中国的第一声‘呐喊’！这声‘呐喊’，到了40年代末，发展成为以闻一多《最后一次讲演》为代表的全民族的‘呐喊’，一个崭新的中国由此诞生了！现在，我们又来到了21世纪的门槛，在就要告别20世纪之际，我们通过《孔乙己》回眸20世纪初中国那充满冷漠、麻木的病态社会，进而展望即将迈进新世纪的社会主义现代化中国，同学们也许会情不自禁地认识到今天改革开放事业的巨大成就，以及自己肩上所负的历史使命。愿鲁迅先生的‘呐喊’成为留在20世纪的绝唱！谢谢同学们！下课！”

（节选自李镇西：《李镇西：我的语文课堂（上）》，光明日报出版社2013年版，第1～12页，有删改）

课例反思

这是我参加四川省赛课的现场记录，那次我得了一等奖。直到现在还有一些老师说：“李老师那年上《孔乙己》给我留下的印象太深刻了！李老师早就在实践新课程理念了！”应该说，这堂课的确有不少至今还令人感到满意的地方，比如，面对陌生的学生如何寻找最佳教学切入点？原来我设想的课堂导入是与学生聊课外读物（小说），进而引入小说“三要素”。临上课前，我发现学生第一堂课学的是闻一多的《最后一次讲演》，而且学生的情感已投入到闻一多讲演的凛然正气之中去了。于是，我决定利用学生已有的心理背景和情绪基础，以《最后一次讲演》与《孔乙己》的联系（都是“呐喊”）导入新课。这样开头，学生一下子便进入了一种庄严的境界，因而也就比较容易进入课文。又如，教师应在课堂上自然而然地体现出随机应变的教学机智。从这堂课来看，面对学生的提问，我还是比较从容自如的，整个课堂气氛十分和谐。当时，正是这一点，让看惯了常规公开课的老师们耳目一新。

但是，今天看来，这堂课的问题也是明显的。这主要表现在整个课堂教学设计都着眼于我如何“教”，而不是学生如何“学”。课前我精心设计了一个“牛鼻子问题”：“为什么鲁迅说‘大约孔乙己的确死了’?”我打算通过对这个问题的分析、解剖，让学生把握人物形象并感受特定的社会环境。在教学过程中，碰巧（这个“碰巧”对我来说是一个意外的惊喜）学生也提出了这个问题，因此后面的教学就显得很自然了。如果学生没有提出这个问题呢？那我肯定要提出，因为我绝对不允许课堂的流程脱离我预设的轨道。所以，尽管由于我富有课堂调控经验，使得这堂课表面上很轻松自然，学生也很“自由”，但这一切的背后都有我在不动声色地把控，一切都在按我预先设计好的思路进行着，而表面上的“和谐”不过是故作姿态而已。

（点评者：李镇西）

五、课后实践任务

（1）如果要你上《孔乙己》，你会怎样将自主合作探究的课堂理念运用到课堂环节中？

（2）李镇西语文民主教育适合教师群体复制吗？

（3）李镇西重视教学的写作，从他的微信公众号就可以看出。你对教师写作这一点是怎么认识的呢？选取你的一节教学实践课，写写你的教学反思。

（撰稿：魏娟）

第八讲　余映潮的教学艺术

一、学习目标

（1）能够理解并掌握余映潮记叙文板块式阅读教学思路的教学艺术。

（2）能够理解并掌握余映潮主问题式教学设计的方法。

二、名师简介

余映潮，著名语文特级教师，全国中学语文教学专业委员会学术委员会副主任，湖北省荆州市教科院原中学语文教研员，多家国家级中学语文专业杂志封面人物。曾被张定远先生誉为“中青年语文教师课堂教学艺术研究的领军人物”。著述丰富，已发表各类教学文章1300余篇，出版了7本专著。创建了全新的板块式、主问题、诗意手法阅读教学艺术体系，总结出了“思路明晰单纯，提问精粹实在，品读细腻深入，学生活动充分，课堂积累丰富”的教学设计30字诀。余映潮精彩的课堂教学受到各地中小学语文教师的普遍欢迎。

三、名师教育观

（一）板块式阅读教学

1. 什么是板块式思路？

所谓板块式思路，就是在一节课或一篇课文的教学中，从不同的角度有序地安排几次呈块状分布的教学内容或教学活动，即教学的内容、教学的过程都是呈板块状分布排列的。

它与一般的阅读教学思路的区别在于：一般的阅读教学思路是线性的，基本上是开讲，一段一段地分析，然后小结课文特点。而板块式思路是呈块状的。这种块状设计，主要着眼于学生的活动，着眼于能力的训练，以板块来整合学习内容，来形成教学流程，来结构课堂教学。

例如以下几个板块式教学思路的设计：

(1) 课文《说“屏”》：

选几个词儿读一读
选几个句子说一说
选一个精段品一品

这是从学生活动和能力训练的角度形成的板块式教学思路。

(2) 课文《行路难》：

欣赏课文中的美句
解析课文中的难句

这是从课文理解的角度形成的板块式教学思路。

(3) 课文《泥人张》：

学习活动之一：概说课文
学习活动之二：细品课文

这是从教材处理的角度形成的板块式教学思路。

(4) 课文《假如生活欺骗了你》：

阅读欣赏《假如生活欺骗了你》
阅读欣赏《假如你欺骗了生活》
阅读欣赏《假如生活重新开头》

这是从开发资源的角度形成的板块式教学思路。

(5) 课文《中国人失掉自信力了吗》：

自读课文：我们读懂了什么
讲读课文：同学们还有哪些地方没有读懂

这是从师生关系的角度形成的板块式教学思路。

(6) 课文《云南的歌会》：

话题一：《云南的歌会》的结构层次美在哪里?
话题二：《云南的歌会》的民风民俗美在哪里?
话题三：《云南的歌会》的描写片段美在哪里?

这是从主问题设计的角度形成的板块式教学思路。

2. 板块式思路比较明显的特点

（1）简洁，实用，好用。教学过程非常清晰，非常有序，能够十分有效地改善大面积课堂教学中步骤杂乱、思绪不清的问题。

（2）课堂教学明晰地表现出“一块一块地来落实”的教学态势。“块”与“块”之间相互联系，互为依托，呈现出一种层进式的教学造型。

（3）由于每一个板块都着眼于解决教学内容的某一角度、某一侧面的问题，于是每个板块就是一种半独立的小课或者微型课，它要求教师精心地研读教材，优化、整合课文内容，提炼出可供教学的内容板块。

（4）由于“板块”二字的出现，教师就要考虑板块的切分与连缀，考虑板块之间的过渡与照应，考虑板块组合的科学性与艺术性，这就改变了常规的备课思路，有利于提高教师教学创意的水平。

（5）由于板块的有机划分，其中必然有让学生充分地占有时间、充分地进行活动的板块。也就是说，有些板块是明确地归属于学生的活动的，这就在让学生成为学习主体的方面迈开了扎实的一步。

（6）教学过程中因为板块的清晰存在而容易协调教学节奏，能较顺利地展现课堂教学中教与学、疏与密、快与慢、动与静、轻与重的相互关系，使课堂教学波澜生动，抑扬合理，动静分明，教学的清晰性和生动性都能得到鲜明的表现。

（7）实际教学之中，板块组合的形态、形式非常丰富，可以充分地表现教师设计教学时的技艺、创新意识与审美意识。由于板块内涵的本质内容是整合教学资料与安排课堂活动，所以它可以用于各种文体或各种课型的教学之中。

（8）以鲜明的逻辑步骤形成清晰的教学层次，即由浅入深地、由易到难地、由知识到能力地向前推进，显现出鲜明的分层推进的特点。

可以说，板块式思路所表现出来的外部特征是教学结构清晰，所表现出来的内部特征是教学内容优化。对于传统的教学思路而言，板块式思路是一种富有活力的创新，是一种很有魅力的突破，是一种具有实力的挑战。

教学思路设计的重要性可以用一句话来表述：如果没有教学思路的设计，课堂教学就是一片混沌。板块式思路因为简明而成为语文教师阅读教学设计的首选。

3. 板块式思路操作要领

（1）从线条简洁的角度进行创新设计。

线条简洁的主要特点是，一个课或者是一篇课文的教学中，活动的角度非常清晰但教学的步骤又不是很多。如《最后一课》的教学过程，由如下两个重要的教学板块组成：

课文品读之一：文意把握

课文品读之二：片段欣赏

这一节课立足于整体理解课文的基础上将学生深深带入课文。板块一“文意把握”是面，板块二“片段欣赏”是点。全文的教学点面结合，既整体式地讲解课文内容与情节，又集中力量欣赏最美的片段，从而达到简化教学头绪、优化教学内容的目的。

（2）从重点突出的角度进行创新设计。

教学思路的设计应该确保在清晰的前提下重点突出。或者是某一个教学步骤占有非常重要的地位，给予更多的时间；或者是大多数的教学步骤都关涉某个教学内容，以显现明确的教学目标。如蒲松龄的《狼》的教学设计，对其教学的主体内容就品析得相当精彩：

一读，从屠户的角度理解课文的脉络

二读，从狼的角度理解课文的脉络

三读，从故事情节的角度理解课文的脉络

四读，从叙议结合的角度理解课文的脉络

这个课例的思路是清晰的，是板块式的，同时又表现出了重点突出的特点，教师将教学视点集中在课文脉络之上，运用多角度反复的方式引导学生从不同的角度理解课文内容，不仅使课堂教学不断出现新的兴奋点，更为重要的是对学生进行了学法熏陶和阅读技能训练。

（3）从情境生动的角度进行创新设计。

给课文的教学有意地贴切地假设一种教学的情境，但同样的，这个课的教学又是步骤清晰、线条简洁的。如列夫·托尔斯泰的童话《七颗钻石》的创新设计：

进入录音棚——让心情激荡
畅游智慧泉——让发现闪光
来到创作室——让想象飞扬

这个课例思路清晰，让学生处于美好的教学情境之中。可以看出，第一板块的教学活动主要是朗读，第二板块主要是品析，第三板块主要是表达。教师设置了一定的教学情境，渲染了一定的教学氛围，让学生在优雅的教学情境及浓郁的情境氛围中进行灵动的、多种感官并用的语文学习活动，从而让教学过程清新明朗，诗意浓郁，别具一格。

（4）从活动充分的角度进行创新设计。

“学生活动充分、课堂积累丰富”应是课堂阅读教学设计的第一要义，是课堂教学的高层次境界，是教师教学理念先进和教学技艺成熟的标志。根据“学生活动充分”的要求来进行教学思路的设计，可以真正体现课堂教学中学生的主体价值。如《生物入侵者》的教学创意：

课堂活动之一：整体感受课文，积累课中语汇
课堂活动之二：实践阅读方法，认识说明对象
课堂活动之三：品味课文语言，体会表达效果

这个课例鲜明地表现了学生活动充分的特点。在教师的指导下，学生充分地占有了课堂学习的时间，并进行着学习语言、习得技巧、发展能力、训练思维的学习实践活动，实在是“美”，真正是“实”。

总之，板块式教学结构呈板块状而又灵活多姿、组合丰富，可以充分表现教师教学设计的技艺、创新意识与审美意识。除了一个“课”之外，它可以“小”用到一个教学步骤之中，使这个教学步骤显得丰满细腻；它也可以“大”用到一个单元之中，使这个单元的教学层次清楚而内涵丰富。在阅读教学中运用板块式思路，可以使教学结构更加清晰，使教学内容更加优化，使教学过程更加生动。它就像一个小小的魔方，各种组合都充满新意，都会为驾驭它的语文教师的课堂教学增加光彩。

（二）主问题的教学魅力

1. 什么是主问题？

有些提问、问题或话题，在课文研读教学上表现出共同的特点——牵一发而动全身，在课堂活动上也表现出共同的特点——吸引学生进入有一定思维深度的课文研习过程中。这种能够对教学内容牵一发而动全身的提问、问题或话题，就是主问题。或者说，主问题是引导学生对课文进行深入研读的重要问题、中心问题或关键问题。还可以说，主问题是阅读教学中能从教学内容整体的角度或者学生整体参与的角度引发思考、讨论、理解、品味、探究、创编、欣赏过程的重要的提问或问题。

从学生活动的角度看，主问题在教学中表现出这样一些明显特点：

（1）在课文理解方面具有吸引学生进行深入品读的牵引力。

（2）在过程方面具有形成一个持续较长时间教学板块的支撑力。

（3）在课堂活动方面具有让师生共同参与、广泛交流的凝聚力。

（4）在教学节奏方面具有让学生安静下来思考问题、形成动静有致的课堂教学氛围的调节力。

请看《邹忌讽齐王纳谏》的教学创意，就是用三个主问题来领起全文的教学的：

> 请同学们根据课文内容口头创编“门庭若市”的成语故事。
>
> 请自选内容，用比较的方法，编写课文词义辨析卡片。
>
> 这篇课文中，有哪几个关键字词既推动着故事情节的发展又表现了人物的特点？

三个话题，三次深入的研读活动，三次课中交流。以简驭繁，以易克难，层次明晰，覆盖全面，能力训练充分，学生活动充分。特别是第三个问题，同学们需要对课文内容进行从头到尾的品析，然后表述自己的见解。在师生的对话之中，几乎将本课中有重要表达作用的字词都进行了品读欣赏。

我们可以明显地感到，主问题是立意高远而又切实的课堂教学问题，在教学中具有“一问能抵许多问”的艺术效果，表现出了“妙在这一问”的新颖创意。所以，主问题的设计是对阅读教学中提问设计的一种创新。

相对于课堂教学中成串的连问、简单易答的碎问以及对学生随意的追问，主问题设计更为重要的意义在于如课标所言的学生课堂实践活动的形成上，它既能让学生更多地直接接触语文材料，在大量的语文实践中掌握运用语文的规律，又能让学生在学习的过程中提高独立阅读的能力，注重情感体验，有较丰富的积累，形成良好的语感。

2. 主问题的特点、功能与作用

主问题的研究，实际上是课堂提问研究。这种研究的着眼点与着力点是：在阅读教学中，用尽可能少的关键性的提问或问题引发学生对课文内容更集中、更深入的阅读思考和讨论探究。

从教师教学的角度而言，可以这样概括主问题的特点、功能与作用：

（1）主问题是经过概括、提炼的，主问题教学对教师把握教材的水平和课堂对话的能力提出了很高的要求，主问题的广泛运用将大面积提高语文教师深入细致地钻研教材、研读课文的水平。

（2）主问题有利于课堂上大量的语文实践活动的开展，有利于简化教学头绪，强调内容综合。主问题的提出，是预设；由主问题而形成的课堂活动，是生成。

（3）由几个主问题组织起来的课堂阅读活动呈板块式结构，每一个主问题在教学过程中都能产生有相当时间长度的课堂学习与交流活动，几个主问题层层深入，从不同的角度深化着课文内容的学习。

（4）由于主问题往往呈话题的形式，所以课堂教学中师生的品读活动一般不是表现为细碎的答问而是表现为师生之间的对话，这将大面积改变语文教师的课堂提问习惯，带来流畅扎实的、效率较高的课堂教学过程。

下面请欣赏由主问题设计而形成独特教学思路与教学内容的《边城》（节选）第一课时的教学创意：

第一步，对课文教学进行有足够力度和厚度的铺垫：《边城》的主要特色介绍，《边城》的基本内容介绍，《边城》的人物关系介绍，节选部分前后的基本情节介绍。

第二步，请同学们根据下面两个话题自读课文：读出课文中的“美丽”；读出课文中的“忧愁”。

第三步，师生进行话题讨论交流。教师课堂教学小结：美丽总令人忧愁——《边城》背后所蕴藏、隐伏的是“美丽总令人忧愁”这一普遍的人生哲理。

读出课文中的“美丽”，读出课文中的“忧愁”——仅从这两个话题的设置，我们就已经能够感受到它的教学魅力了：用精、少、实、活、美的提问来激活课堂、创新教学，真正让学生成为课堂上有序学习活动的主体。

3. 主问题设计对课堂教学的作用

从课堂教学技术的角度看，主问题的研究关系到语文教师教学技艺的研究。对主问题的研究，实质上是对课堂教学最关键的技术问题的研究。例如下面的课例：

《童趣》的首段即第一句话是：余忆童稚时，能张目对日，明察秋毫，见藐小之物必细察其纹理，故时有物外之趣。

请同学们抓住“忆”字来概说课文内容：“作者回忆……”

请同学们根据“小”字来分说课文内容：“这篇文章写了……”

请同学们突出“趣”字来详说课文内容：“……有趣。”

这是《童趣》中的“说读”，其目的是反复地、多角度地理解课文内容。

这是非常有智慧的话题设计，抓住文章首句中的三个字让学生反复说读课文，每一次的说读都是对课文内容的整体理解。活动的条理清晰，学生的思维灵动，课堂的气氛热烈。再如下面的课例：

课文《记承天寺夜游》在人教版初中语文教材中是一个整段。请大家试用朗读的方式，将它划分为两个部分、三个部分、四个部分。

记承天寺夜游

苏轼

元丰六年十月十二日夜，解衣欲睡，月色入户，欣然起行。念无与为乐者，遂至承天寺寻张怀民。怀民亦未寝，相与步于中庭。庭下如积水空明，水中藻、荇交横，盖竹柏影也。何夜无月？何处无竹柏？但少闲人如吾两人者耳。

这个提问十分美妙。它的作用在于：能让学生对课文反复阅读，不断概括，多角度理解。从多个方面训练学生的阅读能力与概括能力，至于学生是否为课堂活动的主体，那是不言而喻的。

4. 主问题设计是对学生主题活动的激发

如果说主问题的魅力表现于课堂阅读教学中的整体阅读、多角度理解、选点突破、优化活动、精细思考、合作探究、交流充分、积累丰富等方面的话，那么，它还有更令人感兴趣的地方。例如下面的课例：

《孔乙己》阅读教学的主问题设计：

(1) 试以“实写与虚写”为话题分析《孔乙己》的表达艺术。

(2) 试从对比的角度体味课文的表现手法。

(3) 试从“手”的描写入手，欣赏作者对孔乙己命运和性格的描写。

这样的主问题设计，其实都是学生活动的设计，都是学生阅读能力训练的设计，都是教师与学生的课堂对话活动的设计。阅读教学中一般常用的、惯用的提问手段在这里悄然淡化了它的身影，而代之以课中小小专题的探究，代之以课堂交流与师生对话，从而产生一种全新的课型——无提问设计课型。这就是我们常常说的：对提问设计的研究，最神秘最有趣的是研究不提问。

5. 主问题设计的实质是对文本的研读

主问题设计研究，需要教师厚实的技能基础。除了科学求实的教学理念之外，就是深入扎实的教材研读了。一位教师，如果没有极具耐心的、认真细致的、方法多样的、别出心裁的课文研读，可能就没有深入高效的课堂阅读教学，没有优美独到的提问设计。从这个层面来讲，我们可以说：提问的技术，是语文教师的核心技术之一；而教材的研读，则是教师需要磨炼的第一功夫。

正如孙绍振先生在他的《名作细读——微观分析个案研究·自序》中所说的那样：“不管在中学还是大学课堂上，经典文本的微观解读都是难点，也是弱点。……要解决这些微观的问题，不但要有深厚的宏观学养，而且要有具体问题具体分析的功夫，这种功夫，不是一般的，而是过硬的功夫。而这种过硬功夫的特点，就是于细微处见精神，越是细微，越是尖端，越是有学术水平。”

每一位中学语文教师，都应该在提问设计的研究之中，同步提高自己精细研读教材的水平。

四、名师课例与分析

《假如生活欺骗了你》课堂教学实录及评点

执教老师：余映潮
评点者：柳咏梅
时间：2013 年 7 月 13 日
地点：黑龙江鸡西市树梁中学

一、介绍背景资料

（师生问好）

师：这节课，咱们来学习普希金的《假如生活欺骗了你》。先了解一下背景材料。

（屏幕显示，学生齐读）

普希金，俄国诗人（1799—1837），他的创作对俄国文学和语言的发展影响很大。他一生创作了近 800 首优秀的抒情诗篇。他的诗歌像太阳一样，照耀了 19 世纪的文坛。他的说理诗《假如生活欺骗了你》，成为许多人激励自己的座右铭。

师：有六个字要旁批在书上——“说理诗”“座右铭”。（屏幕显示）这节课，我们的任务是——读一读，记一记，写一写，讲一讲。

评点

开课入题，简明高效，给人以清新简洁的美感。提示学生旁批六个字：“说理诗”，明确诗歌的大致内容；“座右铭”，揭示诗歌的深远影响。交代学习任务，让学生学有目标，知晓方法。

二、读一读

师：（屏幕显示“吟读”）让我们读起来。“假如生活欺骗了你”，读——

（学生齐读全诗）

师：读得好。但是我没有听到重音呢！把重音圈出来，我们再读。（教师示范读）“不要悲伤，不要心急”，圈出来没有？“相信吧”，这三个字，要读得有力，因为是“相信”。还有“而那过去了的，就会成为亲切的怀恋”中的“就会”。好，再来一次。

（学生齐读全诗）

师：好多了。但是“就会”这两个字仍然没有强调。继续读，读出抑扬的旋律，要有旋律的感觉。大家听。（教师示范读）“假如生活欺骗了你，不要悲伤，不要心急！忧郁的日子里需要镇静：相信吧，快乐的日子将会来临。”抑、扬、抑、扬。把第一节试一下，读——

生：（模仿，齐读）“假如生活欺骗了你，不要悲伤，不要心急！”

师：没有扬起来呀，再来。

生：（再读）“假如生活欺骗了你，不要悲伤，不要心急！忧郁的日子里需要镇静：相信吧，快乐的日子将会来临。”

师：这就聪明了。第二节也是的。第一、二句是抑，然后就扬起来。（示范读）“心儿永远向往着未来，现在却常是忧郁。”

生：（齐读）“心儿永远向往着未来，现在却常是忧郁。一切都是瞬息，一切都将会过去，而那过去了的，就会成为亲切的怀恋。”

师：有进步。这首诗是普希金在流放的时候，写给邻居小女孩的诗。既是劝慰别人，也是表达自己对极端困难生活的信心。所以，有劝慰的语气在里边。它是可以用来说话的。不信，你们就互相说说看。（示范读）“假如生活欺骗了你，不要悲伤，不要心急！”试一下吧，用说话的方式来读诗。两三个同学之间，说起来。

（学生认真地用说话的方式读诗）

师：同学们的语速太快，不像在劝慰人家。我们刚才旁批了三个字“座右铭”。这首诗的读者很多，年龄大的人、中年人，都是把它记在心里的，有时候默默地读它，鼓励自己。所以，我们是可以用内心独白的方式来读它的。现在，用极其细微的声音来表达你的内心独白。（示范读）“假如生活欺骗了你，不要悲伤”，就是这么细小的声音。试一下。

（学生低声齐读全诗）

师：啊，真好听！好，观察一下，我们再读。（屏幕显示全诗）我们要演读，像诗朗诵一样的表演式地读。男同学要读出抑的旋律，平稳深沉；女同学要扬起来，乐观亮丽。好，我读课题，你们读诗。《假如生活欺骗了你》，普希金……

（屏幕显示全诗）

…………

评点

以上是第一教学板块：朗读教学。要求十分具体，层次特别分明，手法非常独特，功效相当显著。这节课的朗读，不单单是朗读，还是背景介绍，也是诗意理解，更是情绪感染、情感熏陶。形式的丰富多变与调控手法的灵活运用，使课堂上呈现出活泼多姿的风采。

三、记一记

师：（屏幕显示“笔记”）我们下面的学习活动是——记一记。

老师给大家带来了几首哲理诗的片段，要做笔记。你们做笔记的时候，我就读给你们听；你们做完了笔记后，就读给我们大家听。这些诗歌的片段都是表达对艰难、困苦生活的看法的，都是作者的心声。

德国诗人海涅的《我的心，你不要忧郁》。

（屏幕显示）

我的心，
你不要忧郁，
把你的命运担起。
冬天从这里夺去的，
新春将会交还给你。

——海涅

（教师深情诵读，学生做笔记）

师：中国著名诗人汪国真的诗歌《因为向往》片段。

（屏幕显示）

因为向往，所以选择了远方，
因为无可依靠，所以必须坚强。

——汪国真

（教师深情诵读，学生做笔记）

师：这四句诗，马上就可以背下来了，你们觉得是不是这样？一起来，“因为向往”，背——

生：（齐声背）“因为向往，所以选择了远方，因为无可依靠，所以必须坚强。”

师：这就是用文学来滋养我们。再看中国著名诗人邵燕祥的诗歌《假如生活重新开头》节选。

（屏幕显示）

假如生活重新开头，
我的旅伴，我的朋友——
依然是一条风雨的长途，
依然不知疲倦地奔走。
让我们紧紧地拉住手！

——邵燕祥

（教师深情诵读，学生做笔记）

师：这三节诗，有外国作家的，有中国作家的。我们常常说“古今中外”，那么我们还可以看一看，伟大的古代诗人是怎么说的。这是李白的《行路难》的节选。

（屏幕显示）

行路难，行路难，
多歧路，今安在？
长风破浪会有时，
直挂云帆济沧海。

——李白

（教师深情诵读，学生做笔记）

师：多困难的道路啊，但是充满了向往。在艰难的生活中，向往未来。好，各自大声地像老师这样朗读诗歌、背诵诗歌，各自自由自在地读。

（学生自由地读背诗歌）

师：停下来。我们一起来，让我们所有的老师们听听你们略带童稚的青春的声音——

生：（齐背）“我的心，你不要忧郁，把你的命运担起。冬天从这里夺去的，新春将会交还给你。”

师：继续——

生：“因为向往，所以选择了远方，因为无可依靠，所以必须坚强。”

师：接着来——

生：“假如生活重新开头，我的旅伴，我的朋友——依然是一条风雨的长途，依然不知疲倦地奔走。让我们紧紧地拉住手！”

师生齐读：“行路难，行路难，多歧路，今安在？长风破浪会有时，直挂云帆济沧海。”

师：把这些优美的篇章记在心中，能增加我们的文学素养；流淌在你的笔尖，能表现你的文采；从你的嘴里说出来，能让人了解你深厚的学养！

评点

以上是第二教学板块：笔记。教室里回荡着教师优美的朗诵声和学生沙沙的笔记声，可谓相映成趣，情味盎然。教师所朗诵的诗歌，是经过精心挑选的，包含着教师独特的匠心。听记这一环节，采用的是诗歌联读的方式。四节诗，时间和空间上涉及古今中外，具体的形式和表达上也不尽相同，然而诗歌的主旨却是相近的。诗歌联读，丰厚了教学内容，丰富了教学形式，变化了教学节奏。

……………

（节选自余映潮：《余映潮中学语文精品阅读课教学实录》，中国轻工业出版社2016年版，第26～32页，有删改）

五、课后实践任务

（1）你认为余映潮的《孔乙己》教学设计是以什么为切入点展开阅读活动的？设计思路是什么？

（2）对《我的叔叔于勒》应该如何使用主问题设计法激发学生的课堂研读活动？

（撰稿：魏娟）

第九讲　程红兵与语文人格教育

一、学习目标

（1）理解程红兵的语文人格教育理念。

（2）理解程红兵的自主探究性语文教学模式。

（3）能将语文人格教育理念融合于自己的语文教学实践中。

二、名师简介

程红兵，1961 年生于厦门，安徽六安人。全国“五一劳动奖章”获得者，享受国务院政府特殊津贴。上海市中学语文特级教师，上海市建平中学校长，上海市高中语文教材审查委员，上海市语文名师培养基地主持人。

程红兵于 1982 年大学毕业，在上饶一中开始高中语文教师生涯，1994 年调入上海建平中学。先后在《中国教育学刊》《人民教育》《全球教育展望》《语文学习》《中学语文教学》《中学语文教学参考》等 40 多家期刊发表 100 多篇论文。应邀到北京、上海、南京、武汉、西安等 40 多个城市作过一百多场专题报告和示范课。出版《语文教学的人文思考与实践》《教师的人格魅力》《创新思维与作文》《程红兵与语文人格教育》《心听校园》等 8 部著作。应邀主持《语文学习》《语文教学通讯》《中学语文教学参考》等刊物的专栏。先后获“江西省中学十佳青年教师”“全国优秀教师”“上海市劳动模范”“全国师德先进个人”等称号。

程红兵在语文人格教育的理论研究和实践探索方面成就特别突出。

三、名师教育观

（一）人格教育与语文人格教育

所谓人格教育就是教育者主动地、有目的地、有计划地用心理学、教育学的方法，对正在成长的每一位正常的个体实施培养良好的心理品质、促进人格健康发展的社会活动。

所谓语文人格教育，是语文教师在语文教学活动中有意识、有计划地结合语文知识传授、语文能力培养，对学生实施人格教育的活动。这一活动是在语文教师指导下，师生共同创设育人环境，在学生学习语文知识、形成语文能力的过程中，实现对学生健康人格的塑造。

为什么要进行语文人格教育呢？原因在于以下几点：一是塑造人格是中国传统语文教育的精华。二是人格教育是世界语文教育的发展趋势。三是人格发展必须靠学科教学来帮助实现。特别值得一提的是，语文学科本身就蕴藏了非常丰富的人格教育因素。四是语文教学必须促进学生人格发展。从语文学科自身来看，促进学生人格发展是其自身发展的必然，也是其真正实现自身价值的必然。换句话说，语文教学要真正完成自己的目的，实现自身的价值，必须培养人，必须发展学生的人格。这是由语文教学的性质决定的。

语文教学依托于语言，语言的性质决定了语文教学的性质。语文学科是工具性与人文性的统一，不能忽略其人文性。而且，语文学科的人文性非常强，所以我们的语文教学不能只教文不育人。只有真正做到既传授语文知识、培养语文能力，又塑造健康人格，才能实现语文教育的目的、语文教育的价值。

（二）人的建构：语文人格教育的命意

语文教育自有它的广度、长度和深度。在此基础上建构起来的语文人格教育，才能充分发挥其应有的教育价值功能。

1. 语文人格教育的广度——全息兼容的涵摄性

语文是交际工具，存在于人们生活、学习、工作的各个层面；语文又是文化载体，融入人类文化交往的各个领域。可以说，人类的各种精神活动——交流情感、传达信息、传播文化等，都能成为语文教育的大课堂。

从实施语文人格教育的渠道看，学生可以从和亲友、师长、同学、伙伴的交流中接受语文人格教育，也可以通过书籍报刊、声像传媒等接受语文熏陶；可以从文、史、哲、法等社会学科中丰富语文知识，也可以从数、理、化、生等自然科学中训练语文思维。从实施语文人格教育的环境看，学校、家庭、社区、社会都是进行语文人格教育的场所。一个人的语言面貌、语文水平不仅取决于他在学校课堂所接受的语文教育的程度，还与他的家庭文化背景、社区文化状况、校园文化生活相关，也与他的交往方式、范围和活动兴趣紧密关联。因为一个人的所有社会性活动都在自觉不自觉地进行着语文实践，丰富多彩的人生经历也在有意无意地进行着语文能力的历练。因此，语文人格教育不仅仅是课堂教学的事，语文课堂教学也不可能担起语文教育的全部责任。

2. 语文人格教育的长度——影响一生的终身性

学生对母语的学习既非从零开始，也永远不会结束。在人生的长河中，语文学习伴随生命的成长波澜起伏，呈现出阶段性和永续性的特点，即伴随着人成长发育过程中心理结构的变化，而表现出不同程度的语言感知能力、思维能力和语言表达能力，而这种变化的心理结构和相应的语文水平，又是语文再学习的前提和基础。学校的语文教育——学生时代的语文学习，是人生发展和语文学习的黄金阶段，是整个人生语文学习的柱石和桥梁。它既要接通学前期既有的语文学习经验，又要为未来的人生发展、继续学习奠基引路，这正是语文人格教育的要义和必须担负的使命。

3. 语文人格教育的深度——化育人格、修养身心

卡西尔认为，语言处于人类精神活动的焦点地位，甚至可以说，语言本身就是一种精神实体，通过语言可以走向人类心灵所有的领域。

纵深考察语文教育对学习主体的作用，可以分为以下四个层次：

一是初步感知、掌握和运用语言文字，以满足生活、交际、交流的基本需要。随着听、说、读、写能力的不断提高，这种交际、交流的层面也在不断扩大。

二是凭借语言文字进入人类文明殿堂，认知、摄取人类历史经验和科学文化成果，从而拓宽视野，增长智慧，获得超越自然力的人力——知识力。

三是在人类文明的殿堂里，在语言文化历史的、现实的对话中，反省、审视以至把握自己的人生定位、生活价值和生存方式。

四是在语言文化活动中，吐故纳新，让人性充盈，精神澄明，灵魂自由徜徉。此时的语文学与用已成为精神享受、人生审美的一种状态，成为诗意栖居的一种方式。

前两者可称为“使用语文”，后两者可称为“享用语文”。

通过“使用语文”来培养学生的语文能力，通过“享用语文”来升华人性，并通过能力和人性的结合来塑造人格，这体现了语文教育工具价值与人文价值的统一，也正是语文人格教育的深层命意。

语文人格教育不仅是大语文的教育，更是语文的大教育，语文人格教育所追求的教育价值功能应是生存教育、终身教育和人生教育。

从生存教育看，学语文就是为了用语文，语文人格教育就是为了让学生更好地生存。为此，就要面向学生的生活实际，面对学生语文实践需要，针对现代社会和未来社会对语文能力的要求，切切实实培养学生的语文基本能力和实用能力，而不是脱离生活进行机械训练。

从终身教育看，语文人格教育就是要扎扎实实地打好语文基础，养成良好的学用语文的习惯，培养语文自学能力和自我教育能力，由此获得自我发展力。也就是说，语文人格教育要为学生永续学习、可持续发展和适应终身学习型社会提供基础支撑和动力支持。

从人生教育看，语文人格教育应发挥文化载体的人文化成功能，在语文教学中自觉地、有机地进行民族文化的熏陶，让学生孕育民族优秀文化之精神，积淀民族文化之品格，实现道德人生和审美人生之境界。

概括地说，语文人格教育所追求的是“以能力为核心，以发展为主线，以人格为目标”的完人教育。

（三）自主探究性语文教学模式

1. 自主探究性语文教学的内涵与外延

（1）自主探究性语文教学的内涵。所谓自主探究性语文教学，是指在语文教学中，学生主动探求问题的学习。学生在教师的指导下，以类似科学研究的方式去研读包括课文在内的语文现象，掌握规律，获取知识，调查了解社会，深入研究，应用有关知识去寻求相关原因，去解决实际问题。

自主探究性语文教学有三个特性：主体性、研发式、全员性。

①主体性：主动探究，非被动接受（从角色地位来说）；积极求知，非消极等待（从情感态度来说）。自主探究性语文教学，在教师和学生之间建立了一种新的关系。在这种新的关系中，教师不再作为知识的权威，将预先组织的知识体系传递给学生，而是与学生共同开展探究知识的过程。学生不再作为知识的接受者，被动地听从教师的指令，而是具有高度的自主性。学生是学习的主人，他们要发挥自己的主观能动性，遇事有主见，有自己的独立思考，能够对语文学习过程进行自我设计、自我控制，积极地带着各自的兴趣、需要和观点，直接与书本、与客观世界对话，探求语文世界和客观世界的规律。

②研发式：研究、发现（从学习方式来说）。自主探究性语文教学，是以研究发现为主要学习方式，通过研究课文和社会发现其规律。自主探究性语文教学方法多样，包括社会调查、现场观察、走访专家、体验学习、课堂讨论、查阅资料等等。改变了学习方式，学生就有可能在更高的层面上开展学习。

③全员性：智慧是一种普遍权利，而非少数精英的特权。

自主探究性语文教学并非培养少数语文尖子，不是偏向于少数特长学生的课外活动，而是面向全体学生。自主探究性语文教学活动要求全员参与，每个学生都有充分的学习潜能，这种潜能为他们进行不同层次的研究性学习提供了可能性，而研究性学习又为学生学习潜能“富矿”的开发提供了很好的机会。

（2）自主探究性语文教学的外延。自主探究性语文教学是开放式、综合式的大语文，包括课内的、课外的和自我语文学习方法的研究。课内的主要是文本：课本、名诗、名著等。课外的主要是社会。可以通过媒体间接了解社会，也可以通过社会实践调查直接了解和认识社会，研究社会的种种现象。学生的语文自我学习方法是对抽象的经验方法的研究，是对自我本体的研究。通过研究，学生能够学会自我学习。

2. 自主探究性语文教学模式的实施

（1）自主探究性语文教学模式的目标。其目标主要有：第一，培养信息处理能力，包括发现问题、提出问题、分析问题的能力，即提出解决问题的设想，收集资料、分析资料、取得结论、表达思想和交流成果的能力。第二，发展独立探究和合作学习的精神，学会通过同伴之间积极的相互影响提高研究性学习的有效性，并共享资源与成果。第三，培养科学态度和科学道德。学会从实际出发，通过认真踏实的探究求得结论的获得，并懂得尊重前人的成果。第四，获得亲身参与研究探索的积极情感体验，逐步形成一种在日常学习与生活中喜爱质疑、乐于探究、努力求知的心理倾向。第五，激活以前学习中的知识储备，积累联系社会生活实际进行大语文综合学习的经验。第六，具有对社会生活的现实与未来的人文关怀，逐步形成愿意为保护和建设祖国及全人类美好生存环境而奋斗的使命感和责任感。

（2）自主探究性语文教学模式的组织形式。其组织形式有三种，包括个体自主式、小组合作式、班级讨论式。

（3）自主探究性语文教学模式的范型。根据语文教学的三种课型，可以将自主探究性语文教学模式的范型分为三类。

①基础型语文课中的研究性学习。它的一般程序是：

第一，自我感知，酝酿研究的题目。这个环节主要是学生阅读课文，教师的作用就是创设情境，让学生有兴趣走进课文。

第二，思考提问，确立研究的题目。这个环节主要是学生把思考的问题拿出来讨论，然后确定本课研究的主要部分和主要题目。如《陈奂生上城》重点研究人，通过对陈奂生的研究，来研究新时期中国农民的发展轨迹。

第三，查阅信息，认真地分析研究。这个环节主要是学生上网查阅相关的信息，进行研究。

第四，讨论争辩，交流研究的结果。这个环节主要是学生交流不同看法，认识逐渐趋于一致。

第五，存疑留问，激发新的生长点。一篇课文的教学目的不是也不可能是把所有问题都解决，而是要留下一些疑问，让学生继续思考研究。

②拓展型语文课中的研究性学习。拓展型语文课试图在增加学生文化积淀的同时，提高其独立研究能力。拓展型语文教学模式主要有两项工作，首先是每课一诗，即按学号轮流，每次语文课由一位同学介绍一首诗歌，其程序是：阅读感悟—分析研究—制作课件—宣讲交流—熟读背诵。其次是每月一书，即教师每月推荐一本文化名著给学生阅读，其程序是：自读体会—书摘笔记—分析研究—写作书评—讨论交流。

③研究型语文课中的研究性学习。这是以课题为载体的语文研究性学习。其程序是：

从学生方面说：第一，了解学习目标；第二，了解研究的一般流程；第三，提出问题或形成课题；第四，提出设想或研究方案；第五，讨论或可行性论证与答辩；第六，具体实施研究方案；第七，研究完成，形成结果；第八，小组或全班交流；第九，小结或中期总结。学生的作用在于积极思考，积极研究，无论是知识的感知、理解、掌握过程，还是巩固、应用过程，都是在思考活动中，在脑力作用下完成的。

从教师方面说：第一，进行学习说明；第二，相关知识介绍；第三，激发疑问或介绍课题发现与选择；第四，个别指导；第五，组织讨论或答辩论证会；第六，适时指导；第七，分析质疑；第八，组织评定；第九，提出建议或组织答辩。教师的作用在于指导学生学会思考，学会研究。

四、名师课例及点评

《我的叔叔于勒》教学实录

执教老师：程红兵

师：让我们一起来学习19世纪法国批判现实主义作家莫泊桑的短篇小说《我的叔叔于勒》。首先请同学们阅读课文，找出课文中的人物是怎么评价于勒的，包括怎么称呼他，怎么说他的。

生：“那时候是全家唯一的希望，在这以前是全家的恐怖”“花花公子”。

师：“花花公子”是对于勒的评价吗？

生：不是。花花公子是说有钱人家的子弟，而于勒家不是，于勒家比较穷。

师：对，请继续找。

生：坏蛋、流氓、无赖。

师：这是直接指于勒吗？

生：不是，这是就一般情况说的，但实际上暗指于勒。还有“分文不值的于勒”，一下子成了“正直的人，有良心的人”“好心的于勒”“他可真算得上一个有办法的人”“这个小子”“他是个法国老流氓”“这个家伙”“这个贼”“那个讨饭的”“这个流氓”。

师：很好，这个同学找了很多，还有没有？

生：“这是我的叔叔，父亲的弟弟，我的亲叔叔。”

师：对，这几句话很重要。现在我把同学们找的主要的评价板书在黑板上。[板书：全家唯一的希望、全家的恐怖（坏蛋、流氓、无赖）、正直的人、有良心的人、好心的于勒、有办法的人、这个家伙、这个贼、这个流氓、我的叔叔、父亲的弟弟、我的亲叔叔] 请同学们把这些评价分分类，分类的标准是哪些话是在大致相同的情况下说的，并说说是什么情况，他们对于勒又采取了什么态度。请按时间顺序说。

生：“分文不值的于勒”“全家的恐怖”是在同一种情况下说的，因为于勒把自己应得的遗产吃得一干二净之后，还占用了“我”父亲应得的那一部分。

师：对，占了钱。他们对于勒采取什么态度？

生：把他赶走了。

师：你怎么知道是赶走的？

生：课文用“打发”一词，可知是把于勒赶走的。

师：下面依次有哪些话是在同一种情况下说的？

生：“全家唯一的希望”“正直的人，有良心的人”，是在他们接到于勒的两封信以后说的。

师：信中哪些话导致他们这么说？

生：“赔偿我父亲的损失”“发了财……一起快活地过日子”。

师：于是这一家人每到星期日干什么？

生：到海边的栈桥上等于勒回来。

师：这位同学说“等于勒回来”，这个“等”字用得好不好？请说说道理。

生：不好，“等”字不能说明这一家人此时热切盼望于勒回来的心情。

师：你认为应该用什么词？

生：应该用“盼”字。

师：很好，我们一起来讨论这个“盼”字，文章哪些细节体现了“盼”字？

生：“父亲总要说那句永不变更的话：‘唉！如果于勒竟在这只船上，那会叫人多么惊喜呀！’”

师：于勒在不在这只船上？

生：不在。

师：你怎么知道？你从哪个词看出来的？

生：“竟”表示意外，父亲希望于勒能出乎意料地来到身边，表现了他急切盼望的心情。

师：说得好。真是望眼欲穿，焦急万分，恨不得立刻相见。还有什么细节体现了“盼”？

生：“这封信成了我们家里的福音书，有机会就要拿出来念，见人就拿出来给他看。”

师：这句话体现了“盼”吗？

生：这句话主要体现了这家人高兴、得意，还有几分骄傲的心情，把信给别人看，是为了炫耀。

师：还有什么细节体现了“盼”？

生：“果然，10 年之久，于勒叔叔没再来信。可是父亲的希望却与日俱增。”

师：很好，10 年时间丝毫没有减少他们的希望，反而增加了。还有吗？

生：“对于勒叔叔回国这桩十拿九稳的事，大家还拟定了上千种计划，甚至计划要用这位叔叔的钱置一所别墅。”这笔毫无着落的钱竟然列入了他们的开支计划，可以看出他们急切盼望于勒回来的心情。

师：这位同学分析得在理。文中还有一个细节充分体现了急切盼望的心情。请同学们认真看。

生：“那时候大家简直好像马上就会看见他挥着手帕喊着：‘喂！菲利普！’”

师：他们真的看到了吗？

生：没看到，是他们脑海中出现的幻觉，人到了一定的急切程度才会出现幻觉。

师：说得好。这个细节很能说明问题。再看其他几句话是在什么情况下说的？

生：最后几句话是在见到于勒时说的。当他们发现于勒是一个穷水手时，菲利普夫妇就大骂于勒是贼，是流氓。

师：是当面骂的吗？

生：不是，是背着于勒骂的。

师：为什么要背着？

生：生怕于勒重新拖累他们，同时也生怕好不容易找到的女婿知道这件事，因为这位女婿是冲着于勒那封发财的信才下决心求婚的。

师：后来这一家人又怎样了？

生：为了避开于勒，他们改乘另外一条船。

师：我们把情节理一下，请看板书：

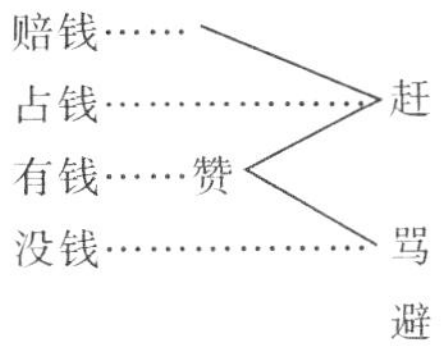

从以上板书可以看出，小说情节不长却也曲折起伏，特别是后面情节的安排，既在意料之外，又在情理之中。如果我们把课文分成两大部分的话，应该怎么分？

生：从开头到旅行之前为第一部分，从动身旅行到最后为第二部分。

师：我用一副对联概括两大部分的内容：

十年思盼，天涯咫尺，同胞好似摇钱树；
一朝相逢，咫尺天涯，骨肉恰如陌路人。

这家人盼于勒，盼了10年，希望与日俱增，甚至在脑海中出现了幻觉。明明远在天边，却如近在眼前，把骨肉同胞当成摇钱树。为了用于勒的钱，订了上千种计划。一朝相逢，期望中的富翁变成了穷水手，他们失望、沮丧。本是同根生，相逢就是不相认，骨肉兄弟如陌生的路人，前后构成了鲜明的对比。这一切是为什么？这副对联少了一个横批。请同学们来拟。

生：人不如钱。

师：请解释一下。

生1：于勒这个人还不如钱重要，盼于勒是假，盼于勒的钱是真。

师：有道理。还可以从这件事所反映的社会问题来考虑。

生2：金钱至上。“盼”，是因为有钱，“避”是因为没钱，在人们的眼中金钱是至高无上的。

生3：世态炎凉。一开始他们热切盼望于勒归来，后来发现于勒没钱，就避之唯恐不及，根本没有兄弟亲情。

师：同学们讲得非常好，跟老师想的一样。家庭是社会的细胞，由家庭这个细胞可以看出社会整个肌体的情况，以小见大，可见其主题是深刻的。现在我们再来作第二次分类，看看我们前面找出的评价分别是谁说的。

生：“全家唯一的希望”“全家的恐怖”“分文不值的于勒”“正直的人，有良心的人”，这些都是大家的看法。“好心的于勒”“有办法的人”“这个流氓”“这个贼”是母亲克拉丽丝说的。“这个家伙”是父亲菲利普说的。“我的叔叔，父亲的弟弟，我的亲叔叔”是若瑟夫说的。

师：很好。这么归类以后，你们有什么发现？

生：同一个人前后态度截然不同。母亲克拉丽丝一开始极力夸赞于勒，后面又恶意咒骂于勒。

师：由此可以看出人物的什么性格？请谈谈你对克拉丽丝的看法。

生：这个人无情无义，满脑子只有金钱，非常自私、势利，只管自己的得失利害。

师：菲利普夫妇都是小人物，不是十恶不赦的恶棍、坏蛋。但由于他们对待亲兄弟的态度，我们鄙视他俩的人格。还有什么发现？

生：菲利普夫妇有些不同。克拉丽丝骂于勒是贼，是流氓，菲利普只说于勒是这个家伙，说明菲利普是有点同情于勒的。

师：这位同学观察得比较细致。但我们看看菲利普是不是同情于勒？为什么？

生：不是。因为菲利普最终没认自己的兄弟，本是同根生，相逢就是不相认，由此看出他也是无情的，他也是以金钱为重的。菲利普与克拉丽丝只是程度不同罢了。

师：很好，具体说说。

生：克拉丽丝更泼辣，更冷酷，更有心计，因而她也更令人讨厌。

师：这一家人都是一个态度吗？你们看看还有什么发现？

生：若瑟夫和他的父母不同。

师：好，我们一起读文章写小若瑟夫的一段话：从“我看了看他的手”到“我的亲叔叔”。

（读略）

师：同学们还没有把文中的感情读出来。我们一起来分析一下，这里一共三句话，前两句写谁？

生：写于勒。

师：是谁的目光看于勒？

生：若瑟夫的。

师：我读一下，你们看这目光包含了什么？

（师读）

生：目光包含了怜悯之意，对穷困潦倒的于勒充满同情。

师：第三句是写谁的心理活动？

生：若瑟夫的心理活动。

师：“这是我的叔叔，父亲的弟弟，我的亲叔叔”三个短语同指一个对象，何以要反复？“父亲的弟弟”是针对谁说的？“我的亲叔叔”强调什么？

生：“父亲的弟弟”是针对父母说的，反映了若瑟夫对父母不认兄弟的困惑和不满。“我的亲叔叔”强调一个“亲”字，表明若瑟夫内心看重叔侄亲情。

师：请同学们再读一遍。

（生读）

师：这一遍读出了感情。若瑟夫与父母形成了鲜明的对比，这个对比有何作用？

生：突出了双方的性格。

师：对。孩子是纯真的，大人是世故的；孩子是诚实的，大人是虚伪的；孩子是善良的，大人是势利的；孩子是慷慨的，大人是刻薄的。作者为何以“我的叔叔于勒”为题？

生：表明了作者的美好愿望，希望人们能像若瑟夫一样，多一点同情，多一点友爱，多一点善良，他希望社会能更好一点。

师：回答得很好。

（节选自程红兵：《程红兵讲语文》，语文出版社 2008 年版，第 84～88 页，有删改）

课例点评

听程老师上的《我的叔叔于勒》这一课，感到很有特色，兹略述于后。

1. 精选教学切入口

对于小说的一般教法，或从整理故事情节入手，或始于人物形象分析，而程老师却另辟蹊径，他把菲利普一家对于勒的不同评价作为切入口。由于菲利普一家对于勒发迹和落魄的不同的反应，是作品的主要内容和情节，也最能显示人物的思想性格，因此，程老师抓住这一点引导学生阅读、分析和讨论，不仅有利于学生正确把握主题，认识到资本主义社会世态炎凉和金钱至上的丑恶本质，而且有助于学生对人物形象、情节结构乃至语言文字的全方位理解，进行整体感悟和整体把握，避免了肢解作品的弊端。

2. 充分调动语文因素

既然是文以载道，我们当然应当以文明道。那些贴标签，或是不着边际的架空分析，都是不足取的。请看程老师的示范，他抓住一个

“盼”字，引导学生联系小说中大量的细节进行分析。让学生深切地认识到，菲利普一家企盼于勒回来，绝不是什么亲人团聚，而是在他们看来，于勒能带来世上最宝贵的东西——金钱。程老师为了让学生体会到资本主义社会的世态炎凉，又引导学生分析课文中不同人物对于勒的不同称呼所包含的不同的思想感情，以小见大，细腻至极。这样的阅读分析，把语文的工具性和人文性集于一体，学生不但掌握了语言文字的表达作用，也受到有益的思想教育。

3. 善于点拨指导

在学生分析讨论时，程老师只言片语精辟的点评或激发了学生的思想火花，或深化了学生的感悟理解，或成为奇妙的无形推进器。而程老师的提问，循循善诱，环环相扣，促使学生把阅读和思考紧密地结合起来，在阅读中思考，于思考中加深理解。课堂上学生踊跃应答，气氛热烈，这正是程老师善于引导的结果。至于最后用对联来替代总结，更是匠心独具，新颖别致。在激发学生浓厚的学习兴趣的同时，又进一步加深了对作品主题的理解。

（点评者：上海市格致中学语文特级教师钱伟康）

五、课后实践任务

（1）程红兵的语文人格教育理念与语文课程的工具价值是否有所冲突？二者应该怎样巧妙融合？

（2）在当今的语文教学中应如何更好地实施人格教育？

（撰稿：王随仁）

第十讲　董一菲与诗意语文

一、学习目标

（1）理解董一菲的诗意语文教育观。

（2）学习董一菲的诗意语文教学艺术。

二、名师简介

董一菲，中学语文特级教师，黑龙江省首批正高级教师，任教于牡丹江市第二高级中学。“诗意语文”的倡导者，首届全国中学语文界十大学术领军人物，2016年入选“百年中国语文人博物馆”。获第五届“语文报杯”全国大赛一等奖，兼任全国多所大学硕士生导师。应邀在全国五十多个城市开办讲座授课，著有《紫陌红尘拂面来》《董一菲讲语文》《仰望语文的星空》《雪落黄河静无声》《千江有水千江月》《寻找语文的诗意与远方》等多部专著。其“诗意语文”入选“当代十大名师特色语文”，在全国有广泛影响。

三、名师教育观

（一）董一菲诗意语文教育观

董一菲热爱语文，对语文一往情深。她热爱读书，热爱教育，在长期的教学生涯中深切感受到诗意人生带来的无限快乐。她意识到，“自利，利人；自益，益人”是人生的一种境界，也是生活的一种境界！而作为一名语文教师，诗意语文便是她对自己语文人生的最好诠释！诗意语文体现在如下方面：

1. 给学生一个文学的世界

董一菲认为，走进语文，其实就是走进一个色彩斑斓的文学世界，将领略到语文这个“多棱镜”折射出的文学世界的斑斓与绚丽。一名成功的语文教师，应该是学生文学意识的启迪者，文学阅读的引领者，文学世界的导游者。没有文学世界的语文课堂，是干瘪的，是无活力的。因此作为语文教师，应还语文以文学，将文学世界引入课堂，立足文本，给学生一个文学的世界。为了让学生真正走进文学，为了还课堂以文学，董一菲在教学中，有“两个坚持”，即坚持用教材教和坚持名著导读。

用教材教要因文入境，即借助课文将学生引入文学之境；要因文造境，即因文章不同营造不同之境。坚持名著导读，即要引导学生关注世界文学经典，以文本阅读为突破口，注重点面辐射式的导读，引导学生在全方位、立体化的解读中，走进文学世界。

2. 给学生一个悲天悯人的情怀

感知文学，解读文学，体悟真美，要求学生有一个悲天悯人的情怀。从大语文观着眼，给学生一个悲天悯人的情怀，引导学生用心灵去感悟心灵，感知作者，感悟作品。董一菲认为，学习语文就是通过学习经典，追溯传统文化，感悟现实生活，构筑诗意人生，因此少不了心中那悲天悯人的情怀。只有拥有了悲天悯人的情怀，才能穿越时间的长河，感受古老悠远的文化；只有拥有了悲天悯人的情怀，才能跨越地域与国界，品评东西文化的内涵；只有拥有了悲天悯人的情怀，才能把握现实的生活，构筑自己的诗意人生。文学是情感的艺术，教学亦是如此，离开情感的教学如无源之水、无本之木。身为语文教师，在雕塑学生灵魂的时候，也要让学生拥有一个悲天悯人的情怀！

所谓“悲天”，就是论时、论世和论道，解构时代洪流，解读时事艰难；所谓“悯人”，就是生命意义的终极关怀，感知作者，感悟人物，感恩生命。以生命走近生命，以生命对话生命，带着这种悲天悯人的情怀，才能更好地走近作者，走进文学的天地。

3. 给学生最美的母语

语言是民族心灵的回响，语言承载着民族文化不息的血脉。汉语作为我们民族的母语，一方面是人们交际的工具，另一方面又是我国源远流长的民族文化载体，是仓颉赋予它生命、文化与魅力，仓颉灵感不灭，美丽的中文不老，穿越千古款步而来，激荡着华夏文明澎湃的血脉。教师是语言之师，是文学之师，更是文化之师，要引导学生以文化的视角学习语文。汉字有文化，语言有文化，要让学生记住汉语中的文化之根。教师还要引导学生以审美的视角学习语文，让学生走进美丽的汉语世界，感受文字之美、文韵之美、文句之美、文辞之美、文段之美、文风之美、文体之美、文化之美……在寻美中思索，在思索中审美，在审美中提升。

4. 给学生一颗善感的心

语文教育的终极目标就是让学生学会生活，学会诗意的生活。诗意生活犹如人生的外衣，善感的心是内核。拥有一颗善感的心，才会以水见汪洋，才会在文字中看到文化的流淌，才会在一朵白云、一棵小草、一粒细沙上发现诗意，感悟生活。作为一名语文教师，有责任引领学生发现美，发现诗意，发现生活。给学生一颗善感的心，教他们运用自己的慧眼去学习，去生活。善感的心来自诗歌熏陶。董一菲通过诗歌教学为学生打下诗歌的底子，让学生爱诗、读诗、谈诗、写诗。只要拥有一颗善感的心，便会自细雨微风、落花流水、大漠孤星中看到诗。

5. 给学生一个爱的信念

作为教师，要给学生一个爱的信念，让学生坚信"道不远人"，在坚定中坚守人生。要想给学生爱的信念，教师首先应该有爱的信念，心中无爱，则无可给予，无可传递。这种爱的信念，要架构在生命的取向上，要有高度，要有广度，更要有深度。所谓高度，就是大爱至上，着眼于学生人生发展的高度；所谓广度，就是博爱，既着眼于每一个学生，同时又着眼于学生的全面发展；所谓深度，就是进入心灵，进行心灵深层的对话和共鸣。唯此，方为育人之师，方可启迪学生心灵，将爱的信念进行传递。

6. 给学生一个理性的世界

语文教育的两极是诗意和理性，语文教育的佳境便是在诗意中不乏理性，在理性中流淌诗意，在诗意中弘扬唯美与浪漫，在理性中进行思辨与求索。语文教师肩负着重塑民族魂的重任，要让学生“诗意地存在”，同时又“理性地存在”，要借助文本，给学生一个理性的世界。

给学生一个理性的世界，要从三个层面入手：理性认知、理性碰撞、理性升华。语文新教材的最大魅力，在于其深沉的人文性、厚重的文化性、鲜明的时代性。文化流淌在其中，折射理性光辉。特别是中西方现当代的理性散文，可将学生带入思考人生、探索宇宙的理性世界。教师要以文本为学生铸造一个理性的思维空间，进而铸造学生内在的理性精神。

7. 给学生一个内儒外道的人生智慧

孔孟之道和老庄思想作为中国思想文化的精髓，在中华文明中延续了数千年，一个积极倡导“入世”，一个洒脱标榜“出世”，两者在“悖中力行”，一走就是几千年，走过先秦散文、两汉纪传辞赋、魏晋骈文、唐诗、宋词、元曲、明清小说，一直走到今天。

作为语文教师，我们有得天独厚的育人资源，用经典去启发学生心灵，去启迪学生人生，给学生一个内儒外道的人生智慧。所谓“内儒”，就是用孔子的“仁”充实学生的心灵，做到仁者无敌；以儒家的固穷坚毅鼓舞学生学会坚强，在坚守中创造自己人生的精彩；变“学而优则仕”为“学而优则适”，让学生懂得学习是成长的需要，“学而优”方能在竞争中“适”，“适者”方能更好地生存。所谓“外道”，就是以老子的“有为之道”正面引导学生积极面对个人事业，积极面对个人发展；以庄子的超然物外看淡人生的所谓荣辱和功名利禄；以道家的清静无为给学生提供一个超功利的理想，背向社会中的物欲和功利，来完成正面的自我人生。

（二）董一菲诗意语文教学艺术

董一菲创造性地选择专题诗词教学形式，以激发学生的情感，培养学生的创新品质，从而形成了情意—思维—创新型诗歌教学模式。

1. 诗词情意教学

诗词情意教学是董一菲诗歌教学中重要的教学形式，通过诗词情意教学，教师可以多方面培养学生情感。

（1）以情传情，情感共鸣。教师要善于以情传情，利用情感因素使诗中情、教师情、学生情，“三情合一”，以达到情感共鸣的佳境，影响并保证学生心理品质、情感健康地发展。

教师首先要有激情，要善于用自身的真情实感去叩击学生的心弦。其次要注意联结情感线，注意教学信息在师与生、生与师、生与生、师与诗、诗与生、诗与诗之间网状型地传导，碰撞激疑的反馈。教师要由衷地尊重学生，吃透教材，去联结课堂多姿多彩的情感线。再次是要选好动情之处。语文教学中的“情”从教材中来，教师要充分挖掘诗歌的情感因素，把作者寄寓在作品中的情感化为自己的情感，从而选准动情点借以打动学生的心，激发学生的情，使作品与学生的心发生共振共鸣。如苏轼的《江城子》的动情点就是“小轩窗、正梳妆”，元稹《离思》的动情点就是“曾经沧海难为水，除却巫山不是云”中的“沧海”“巫山”“云”。

（2）以境化情，情境交融。教师可以通过睹物思人、托物言情、以境抒情、以境激情、触景生情来拨动学生的心弦，感染其情绪，达到激发感情、情境交融，以境化情的境界。具体可以通过以诵造境、以物造境、以语造境等方法实现。

以诵造境可使学生融入诗歌情境，具体包括多种诵读方法，如背诵、配乐朗诵、快速记忆、名句接龙等。以物造境可以借助外物，具体包括多种现代化教学手段，如音乐、绘画、录像、幻灯片等方式。诗歌教学中，教师的语言也应该是激情、跌宕、形象、幽默和富有感情的。以语造境即是教师通过激情、跌宕、形象、幽默和富有感情的语言创造情境。比如董一菲为《中国古代离别诗》设计了这样一段导语：中国人对于分离聚散的人生况味有着特殊的敏感与愁肠。屈原感慨过，“悲莫悲兮生别离，乐莫乐兮新相知”。《古诗十九首》中吟过，“行行重行行，与君生别离。相去万余里，各在天一涯”。就连豪放不羁的李白也曾浩叹，“此地一为别，孤蓬万里征。浮云游子意，落日故人情”。离愁别绪绵延成了中国文学整体无意识的传统主题，一脉相承着我们这个民族不堪离别的情结与根性。这段声情并茂的导语打造了一个深邃的意境。

（3）以美育情，情满胸臆。以诗文立意美、语言美、结构美、表现手法美，启迪学生按美的规律感受美的意境，使学生在美的熏陶中，得到美的享受，提高美的情趣及审美感受力，并提高学生鉴赏的能力。比如以苏轼的豪放、陶渊明的质朴、李商隐的绮丽、白居易的晓畅等不同类别的美造就诗歌专题教学的魂，教师就是要引导学生感受、品鉴其中的美。

（4）以理激情，陶冶情操。通过情趣教学，把思想性寓于趣味性之中，以激发情理，达到使学生动情、明理、导行、形成情操的目的；抓住诗词中艺术形象的典型性格和美学价值，在对比中启迪学生的思想，使其能识别真善美和假丑恶，内化品格；抓住诗文中所显示的为崇高理想而奋斗的艺术形象，激励并教育学生树立正确的人生观和个人理想；抓住诗词中所提示的美好的道德观念以及诗中所蕴含的哲理，点燃学生心灵的火花，以培养学生良好的道德品质。

比如，在“走近苏轼”这个专题中，学生在《念奴娇·赤壁怀古》里认识了一个豪情万丈的苏轼；在《江城子·十年生死两茫茫》里认识了一个深情的真诚的苏轼；在《定风波·莫听穿林打叶声》里认识了一个超然淡泊的苏轼；在《江城子·老大聊发少年狂》里认识了一个童心大发、幽默的苏轼。通过大量的诗词的对比，学生认识了一个多角度、多侧面的苏轼。

再比如，“咏梅诗词欣赏”专题中的“梅须逊雪三分白，雪却输梅一段香”，“走近苏轼”专题中的“不识庐山真面目，只缘身在此山中”，“盛唐边塞诗”专题中的“欲穷千里目，更上一层楼”都有着不尽的辩证的哲理。教师可以对学生进行适当的引导，让学生感受诗词的理性美。

2. 发展学生思维

（1）在诗词专题教学中，注重形象思维（艺术思维）和抽象思维（逻辑思维）相结合的培养。诗歌的专题教学中的诗歌鉴赏过程就是培养学生形象思维和抽象思维的过程。对诗歌意象的感受离不开联想和想象等形象思维，而概括诗理、写法以及升华主题则离不开抽象思维。

（2）在思维形态中注重发散思维（求异思维）的培养。发散思维是对研究对象从不同角度、方面、层次进行思考，求得更全面、更深刻认识的思维方式。发散思维最突出的特点就是“多端”，比如董一菲在教学中这样设问：为什么诗人元稹要将自己和妻子的感情比作“沧海”，比作“巫山的云”？学生各抒己见，从不同角度阐发，教师以鼓励为主。再比如问：“一尊还酹江月”是一种积极的入世观还是一种消极的出世观？引发学生引经据典深入讨论。

（3）在诗词专题教学中注重学生创造性思维的培养。创造性思维是思维活动的高级过程，是个人在已有知识经验的基础上，在某些事实中寻求背后的关系，找出新答案的思维过程，这也是思维训练的终极目标。诗词教学中需要把创造性思维的培养放到重要地位。董一菲有时将诗词专题课上成研究性学习味道十足的课，如将李煜的生平资料和十首李煜的词连同两篇评论一起发给学生，一周之后让同学们在课堂上朗读自己的论文。要求不得人云亦云，写出自己的观点。结果是仁智分明，许多同学都独树一帜并自圆其说，切实发展了学生的创造性思维能力。

3. 创新性教学

语文学科具有模糊性、综合性、间接性的特点，因此在进行创新教学中具有优势。

（1）在审美教育中要重点培养学生的想象力。诗歌的创作离不开想象，诗歌的解读鉴赏更离不开想象，而在诗歌教学中浓墨重彩的每一笔都是对想象力的培养。如引导学生展开想象：“蒹葭苍苍，白露为霜。所谓伊人，在水一方”是一幅怎样的画面？作者运用了怎样的线条和技法？是工笔还是写意？用的是什么样的色彩？“在水一方”是什么样的方位，怎样的感觉？“伊人”漂亮吗？她有怎样的风采？

（2）在阅读指导中引导学生感觉、领悟、理解诗文中的言外之意、弦外之音、象外之象。读诗的关键是弄清内蕴的东西，给学生创造空间。比如董一菲问王昌龄想告诉洛阳亲友的究竟是什么，许多同学把握不准，教师点拨，玉是圣洁之意，冰是晶莹的象征，学生就顺利地理解了诗歌的言外之意。

（3）在写作指导中鼓励学生说真话，写出人人心中有、人人笔下无的东西。在写作教学中注意引导学生说真话，培养学生的创造性思维，学生便能在写作中取得成功。例如，一场观摩课中，董一菲在教学的最后一个环节请在场的专家命题，学生当场作诗，专家的命题是“一湾浅浅的海峡”，由于平时训练有素，学生笔走龙蛇，立意各不相同，文笔各不雷同，受到在场专家的高度评价。

（4）在教学过程中夯实基础，突破陈规，指导创新的方法。首先要夯实基础，增加学生的诗词积累量和文学评论文章的积累量。其次是在教学内容上扩展外延，提供创新空间，定期给学生开书单。再次是教学要有创新意识，要指导创新的方法，核心是激发学生的创新思维能力，培养学生的创新思维习惯，使学生掌握创新方法。此外，在教学中留白，留给学生问题、悬念，甚至教材的不足、教者的疑惑，以激发学生求解（填白）的冲动，再点拨思维方法，在学生思维“卡壳”时引导学生运用比较的方法联想，举一反三。

四、名师课例及点评

《归园田居》教学实录

执教老师：董一菲

师：同学们，上课！

生：老师好！

师：同学们好，请坐。今天我们学习的是《归园田居》。有这么一句话，南朝的钟嵘说“陶渊明是古今隐逸诗人之宗”，同学们能不能解释一下什么是“隐逸诗人之宗”呢？

生1：我认为是归隐的诗人中比较厉害的一位。

生2：我认为是第一位。

生3：我觉得“宗”证明陶渊明写诗的造诣很高，开了一代先河。

生4：我认为是古今隐逸诗人的鼻祖。

师：太棒了！

师：钟嵘一句简洁的陈述，引发了你们这么丰富的解读，那么我们接着解读陶渊明。

师：陶渊明既然是古今隐逸诗人之宗，开先河，开宗立派，创造一种范式，从此中国士大夫心灵里便有了田园，那在哪里安顿心灵呢？有一个生命之场，就叫田园。田园是什么样子的呢？它存乎现实与理想之间，首先出场的一个意象——方宅，那么接下来的意象是什么呢？

孩子们都知道，中国的传统诗歌，从来不会直接抒情，从来都是含蓄的、蕴藉的、风流的、曲折的、平仄的。田园是什么？陶渊明说那是方宅，还有什么呢？请速读课文，划出关键词。

生1：陶渊明的园田是草屋。

生2：陶渊明的园田是榆柳。

生3：陶渊明的园田是桃李。

生4：陶渊明的园田是远人村。

师：这位同学，可以用两个字概括“远人村”吗？

生：人村。

师：真好，人村，有人的村子，村中有人，目中有人，否则的话园田的意义又何在？请继续说下去。

生：陶渊明的园田是罗堂。

师：孩子们请注意，“桃李罗堂前”中的“罗”是动词，所以你概括错了。接下来我们一起看PPT，这就是陶渊明的这首诗，这就是陶渊明的园田，他心中的园田，园田是方宅、草屋、榆柳、桃李、村庄、袅袅的炊烟、狗吠鸡鸣，甚至是无尘，甚至是有闲。哪位同学能读这首诗给大家听呢？

（生有感情地朗读全诗）

师：读得真好！我突然懂了季羡林先生的那句“真正的大学不是大楼而是大师”，甚至是大学士。

师：那么这样的园田有什么特点呢？恐怕同学们有疑惑的是“户庭无尘杂，虚室有余闲”。什么是“无尘”，什么是“有闲”呢？“无尘”仅仅是干净的意思吗？

生：不是，我认为还是作者的内心。

师：已经直指心灵了！好的文学作品就是这样，无尘不是表面上的没有灰，是心灵的什么呢？

生：心灵的纯洁。

师：再看看这句诗，这句诗的源点意向，也是抽象的田园诗的源点意向。从此，士大夫归去来兮的时候永远歌唱的是这样的主旋律，如《陋室铭》中的哪句话能解读这两句诗呢？

生：无丝竹之乱耳，无案牍之劳形。

师：很好，这是一种无尘的境界。还有吗？接下来的“虚室有余闲”，陶渊明期待的是有空余的房间吗？再看《陋室铭》中更贴切的是哪句话呢？

生：斯是陋室，惟吾德馨。

师：那么他有什么样的朋友呢？

生：谈笑有鸿儒，往来无白丁。

师：就是这样，鸿是大也，儒是学问家，这是人生的境界，虽然隐了，但是真正的大隐是隐于闹市，隐于朝堂的。于是，把中国士大夫的心灵引向一种高远的境界。

师：这就是田园诗人之宗，他创作了这样一组意象，创作了这样一种范式。但让我们安放心灵的陶渊明，被南朝的钟嵘一任性放到了《诗品》二十四品的中品。有那么多的人喜欢陶渊明，当苏轼被贬惠州的时候，遥远的惠州，岭南蛮烟瘴雨的地方，他会说“饱吃惠州饭，细和渊明诗”，他完成了精神的突围，完成了自我的救赎，因为有了陶渊明。但是钟嵘说，不，他的诗不好，要给他放在中品。122 个诗人从汉朝至南北朝时期，陶渊明就在这样一个段位。那么你们有什么样的理解呢？先做第一个选择，你觉得陶诗浓耶淡耶？

生：我认为陶渊明的语言是清新的，是比较淡雅的，但是他表达的情意是非常浓厚的。

师：太棒了！淡的是语言，浓的是情感，淡淡的入，浓浓的出，这是最高的境界。

生：我觉得应该是淡。他这首诗中表达出淡泊的情怀。

师：“淡淡”是多么强大的力量，多么大的智慧。中国的老子、庄子深谙“淡”的力量，于是才让我们的精神世界有了柔软的部分，于是我们说儒是方的，道是圆的，这是淡的境界。那么还有没有同学要说其他的？静乎动乎？虚耶实耶？景语情语？

生：我觉得陶渊明的诗句是淡的，从他的“暧暧远人村，依依墟里烟”中发现，他描写的是一种昏暗的村庄和轻柔的人烟，说明他的文章是安静、平静和安详的，仿佛不受任何世俗的干扰。

师：非常会品味！尤其会抓住叠词。只有汉语是单音词。举一个例子，“女儿”这个词，英语绝不是单音节，正因为汉语是单音节，所以才有一种独有的东西，那就是叠词，叠词有一种曲曲折折、平平仄仄、深深浅浅的美感，于是“女词帝”李清照在《声声慢》开篇便用了七组叠词：“寻寻觅觅，冷冷清清，凄凄惨惨戚戚。”这就是汉语言的魅力。“暧暧远人村，依依墟里烟”，充满了音韵之美，淡远成村庄，袅娜成最温馨的春宴。还有别的想表达的吗？可以谈语言，谈意象，谈色彩，甚至可以谈音响。好的诗就是一幅画，好的诗就是一曲音乐。

生：我认为陶渊明的这首诗是淡的，因为我们首先可以从它的画面上看，陶渊明用娓娓动听的语言为我们描绘了一幅很美的乡村景象，他首先说“方宅”“草屋”，接着又说到了“榆柳荫后檐”“桃李罗堂前”，又写到了远处的人烟以及深巷中的“狗吠”和桑树上的“鸡鸣”，整个就是一幅非常美的画面。像水墨画一样，让人感觉到一种淡淡的情怀，融在这幅很美的水墨画里。同时他又通过“狗吠”和“鸡鸣”，衬托出那种非常幽静的环境。所以我认为他是淡的。

师：太棒了！这里想追问一下，水墨画，你觉得只有哪两种颜色？

生：黑色和白色。

师：是的，黑色和白色。想想中国的《易经》中的阴阳鱼，什么颜色呢？只有黑和白，却写尽了大千世界的五光十色，这就是无色的魅力，这是淡极了的魅力。黑，颜色的终点，白，所有色彩的起点，有了终点有了起点便有了整个世界。所以还有一句话，初唐的时候有一位诗人叫张若虚，他有一篇诗叫《春江花月夜》，被闻一多先生认定为“孤篇盖全唐”，为什么这样说？因为它容纳了所有的颜色。下面我们继续分析文本。

生：我想谈的是景语和情语。我听说过一句话“一切景语皆情语”，这首诗中所写的景物中有很多是非常自然的，体现了作者归隐于自然，自得其乐的淡泊情怀，不仅是写景，更是抒情，所以既是景语又是情语。

师：强大的语言感受能力！语感是天赋，更是后天的训练和积累的结果，她把握得很好！整首诗景语居多，这是显情，剑走偏锋，没有一定的功底是不敢这么写诗的。王国维说，“一切景语皆情语”，而陶潜用记叙的语言来写诗，他不抒情，他甚至不描写。好吧，那就白描，就记叙，就说方宅、榆柳、桃李，什么样的榆柳，什么样的桃李我都不说。《诗经》这么讲，“昔我往矣，杨柳依依，今我来思，雨雪霏霏”，无论是“依依”还是“霏霏”，都是描写。那么陶潜洗尽了铅华，仅用叙说，就是这样的表达。什么样的人可以素面朝天？“素面朝天”这四个字只能赠予唐代第一美人杨贵妃，“天”是天子，是怎样见天子？她素面去见天子，无须化妆，因为化妆的胭脂会污了她的花容，这是怎样的美?!陶潜的诗又何尝不是如此！

师：请同学们继续读诗，回答问题。

生：我觉得这首诗是动静结合，“榆柳荫后檐，桃李罗堂前，暧暧远人村，依依墟里烟”，我觉得这是静，“狗吠深巷中，鸡鸣桑树颠”是动，以动写静。

师：的确，在诗词中有太多的声响，他完成的绝不是喧闹的场景，而是打造那份宁静，就像那句“鸟鸣山更幽”，就像李白的诗中会写“谁家玉笛暗飞声，散入春风满洛城”，写尽了满城的相思，他会说“箫声夜，秦娥梦断秦楼月”。白居易会在同样一个月夜当中，用琵琶声写出一个女子心灵世界的探索。陶渊明说不，我反对一切人为的音乐，钢琴我不选因为是西洋乐，笛子我不选因为李白选过了。我们的诗中是什么音响？请看《归园田居》，有什么样的音响？

生：我觉得陶渊明的诗中是自然界中固有的声音。

师：太棒了！举例说明。

生：狗吠，鸡鸣。

师：狗在哪里叫？

生：深巷中。

师：深巷中住的是农人，现在养鸡场里的鸡是飞不到桑树上鸣叫的，说明——

生：说明这是一种非常淳朴和自然的环境。

师：这就是大自然的声音，这就是田园独有的声音，这就是田园的魅力，它招引我们回归，归去，不要忘记我们的来时路。古人说“人籁不如地籁，地籁不如天籁”，这就是陶诗，这就是田园。作为田园诗的鼻祖，陶渊明开宗立派，后来与之遥遥呼应的是盛唐，盛唐的山水田园诗人有两位，一位是王维，一位是孟浩然。一起看大屏幕上的两首诗，比较一下，孟浩然的田园和陶渊明的不一样，同样写山林，王维和陶渊明写的又不一样。你有哪些发现呢？其实这就是艺术的不二法门，永远存在比较。就像中国古典小说的巅峰《红楼梦》，一定要塑造两个主角让你分不清谁更重要，那便是双峰对峙、二水分流的钗黛，薛宝钗有着倾国倾城貌，林黛玉有着风露清愁。

师：那么请同学们辨识一下大屏幕上的两首诗。

生：我想说孟浩然的《过故人庄》和本诗的对比，孟浩然的《过故人庄》重在写实，侧在写田园生活，而陶渊明用其淡雅的语言为我们描绘了一幅美丽的田园景色，表面是在写景，但是他通过一些意象把他想表达的情感都表达出来了，是在以实写虚、以实衬虚，孟浩然是用实写出了田园生活，陶渊明则用虚写表达出了他的情感。

师：这么辽阔的眼界和情怀！真棒！孟浩然是“故人具鸡黍，邀我至田家”，我的朋友邀请我去做客，我去了。而陶渊明是虚幻的，描绘的是自己理想的田园。

生：如果说陶渊明的《归园田居》是一幅水墨画的话，那么《过故人庄》就是有一定色彩的，也是非常传统的，给人以美感的画卷，通过颜色和意象表达出他想展示给人的美感和对自然生活的一种向往。

师：说得太好了！有一颗诗心的孩子才会有一双发现诗的眼睛，中国的绘画从红绿山水到水墨山水，墨分五彩，这个孩子发现了。所以在田园诗的地位上孟不如陶，是定论。继续看一下王维吧，他是诗佛，曾经官至右丞相，曾经到过边塞，也曾经归隐山林。曾经有人说他的诗是字字入禅，你读出什么了？

生：我认为王维这首诗写的是山中的花凋谢了却没有人，字里行间透露出一种淡淡的忧伤，有一种花开了却没有人欣赏的伤感，我们都说王维的诗是一种禅境，但是真正的禅境是超脱世俗、摆脱一切烦恼的，而王维这首诗却写出了那种伤感，说明了他还是被世俗所羁绊。但是陶渊明这首诗完全是一种禅境，超脱自然，所以我认为王维也不像陶渊明那样是一位真正的山水田园诗人。

师：深刻得无以复加！王维虽然号称诗佛，虽然他也隐居，虽然他字字入禅，但是他对生命的关照毕竟有了太多的伤感。“山中发红萼”，如此火红的生命，引发的是浓烈的情感，“纷纷开且落”，花开无人知，花落无人赏，这是羁绊，这是情怀，这是世俗的向往。虽然他说他想得很开，但还是被我们的孩子们洞悉了一切。大家看，回到诗中，曾经的岁月和现在的岁月，陶潜说是有这样的分水岭的，他说从此归去来兮，从此“开荒南野际，守拙归园田”，守拙，坚守的是一份什么呢？

看 PPT，他坚守的是真、淳、朴、诗意、自由和美。千百年后，我们读陶渊明，仍然是那份新鲜，那份鲜妍，那份温暖，那份缱绻。好，接下来全班齐读本诗的前两句。

生：少无适俗韵，性本爱丘山。误入尘网中，一去三十年。

师：他为官做官、做官辞官，总共只有十三年，像时间的错觉。抬头看黑板，“五入五出”，什么意思？

生：五次做官五次辞官。

师：“入”便是入世，“出”便是潇洒地出世。宗白华说，在中国政治史上最混乱的、社会最苦痛的时代，怀着永世的乡愁，陶渊明归来了，于是题目叫——

生：归园田居。

师：归园田居，那是归来，那是回归，于是中国士大夫的生命场有了朝堂、庙堂，和朝堂、庙堂相对的是江湖。谁提出的江湖？是庄子，庄子说“相濡以沫，不如相忘于江湖”，是的，在浩渺辽阔的江湖当中让我们相忘吧，彼此忘记也好，彼此记住也好，不重要，让我们的心灵舒展，冲淡平和，于是有了田园让我们安顿。大家一起看 PPT，这么多的人看陶渊明，元好问你们最喜欢吗？谁喜欢元好问？我说上句你们一定会说出下句，“问世间，情为何物”——

生：直教人生死相许。

师：没有“人”。“直教生死相许”，写的是大雁的爱情，几百年过去了，后来成为《神雕侠侣》的贯穿词。元好问大才子说了，怎么说陶渊明呀，其实这个说法和在座的同学们又是多么的相似，全班齐读——

生：一语天然万古新，豪华落尽见真淳。

师：那份新，那份真淳，大家回味回味。

南宋还有一位爱国主义诗人叫辛弃疾，他特别喜欢用典，他的词几乎句句用典，我以为，我偏狭地以为他不会喜欢陶渊明的，但是他仍然爱不释手，他对陶诗如何评价？全班齐读——

生：千载下，百篇存，更无一字不清真。

师：那份清真，那份质朴，那份真实，那份真诚。我们对生命能报以真诚吗？我们对文学能报以真诚吗？如果能，我们就能接近陶渊明。还有袁行霈，当代著名的诗词鉴赏家，他又是怎么评价陶渊明的呢？男孩子们读上联，女孩子们读下联——

生（男）：质而绮，真且醇，自可传之千古；

生（女）：樽中酒，篱下菊，岂甘了此一生。

师：好的。孩子们能不能给陶渊明写一段话？哪怕一句话也可以，一分钟准备时间。

生：于平和中达情，于平淡中达质。

师：这种工整的对句太棒了！话不在长，所以《易水送别》只有两句——“风萧萧兮易水寒，壮士一去兮不复还”流传千古。

生：质本洁来还洁去，经天纬地大诗篇。

师：你把《葬花吟》都给仿写了，还有比这更棒的吗？林黛玉可是大才女，是诗魂呐，她的《葬花词》都被仿去了！

生：纵浪于世俗，守拙于田园。

师：纵浪大化间，这就是陶渊明的写照啊！太精彩了！三十年后，再有人讲陶渊明的《归园田居》的时候，也许就会用我们孩子们的这些话。还有没有哪位同学再来读一下？

生：一身诗意归园田，万古人间唯陶潜。

师：哎呀，林徽因的对联也被你“盗”来了，“一身诗意千寻瀑，万古人间四月天”，送给陶渊明了，稍作改动，一字千金。因为时间关系，我们的练笔就到这里，孩子们太棒了。再看大屏幕，这是当代研究古典诗词最棒的一个大学者叶嘉莹先生，她是如何为陶渊明献上自己的话的呢？全班起立齐读。

生：一般的人不是追求名，就是追求利，而陶渊明能够超脱名利的缰索，在精神上得到解放和自由。可是我们要知道，他这种精神上的自由和超脱是经过一段矛盾、一段挣扎以后才得到的。

师：好，我们的课就到这里，谢谢孩子们！谢谢大家！再见！

（节选自“董一菲诗意语文”微信公众号第 659 期：【诗意语文·诗意成长】第 23 期，有改动）

课例点评

诗歌教学最重要的是体味诗歌表达的情感，进而感受诗歌语言艺术的美妙。这个案例抓住了诗歌的情感表达特点，从“隐逸诗人之宗”入手，引导学生走进诗人的心灵世界，找到诗歌的源点，为欣赏诗歌的语言艺术提供了恰当的抓手。对诗歌的欣赏需要有对语言的品味，所以师生之间的互动活动能始终围绕这一点展开。由于立足于语言和情感之间的关系，对诗歌艺术表达特征的理解便不再是孤立的，而是深刻和具有情味的。学生的积极性不仅得到了很好的调动，而且能从个人的深切体验出发，触及诗人的心灵，丰富个人的情感。

这节诗歌教学也体现出了董一菲老师对学生思维启发的重视。从引导过程看，老师没有对学生的理解进行束缚，而是鼓励学生大胆表达，学生的思考也有了出乎其外的表现。从诗歌的色彩、情感的浓淡、语言的精妙，乃至于不同诗人情感与人生境界的比较，讨论具有开放性、灵活性、启迪性，学生的想象力得到了充分的锻炼。

从课堂的创造性艺术看，诗歌情感与语言品味相结合的方法便是独到的处理手段。老师也能借助深厚的学术积淀补足教学材料，开阔学生的视野，启发学生的思维，对诗歌的品读既能沉入其中，又能跳出其外。给了学生悲天悯人的情怀，也启迪了学生的人生智慧，还引导学生学习了最美的母语。

这一节诗歌教学课不仅仅是一场教学活动，更是学生的一场生命洗礼。

（点评者：李志云）

五、课后实践任务

（1）谈一谈小说如何开展诗意语文教学。

（2）你认为诗意语文教育观是否也在其他语文名师的课堂里有所体现，试举例说明。

（撰稿：肖独伊）

第十一讲　程少堂与语文味教学

一、学习目标

（1）理解程少堂语文味教学的主要观念。
（2）理解程少堂语文味教学的基本着力点。
（3）能将语文味教育观融合于自己的语文教学实践中。

二、名师简介

程少堂，深圳市中学语文教研员，华南师范大学文学院特聘硕士生导师，享受深圳市政府特殊津贴专家，语文味教学流派的创立者和核心人物。先后在省级以上报刊发表教育论文100余篇，出版《程少堂教育理论与实践探索》等专著，参加编写多部高校教材。被誉为语文教学界新生代名师代表。《教育文摘周报》等媒体曾对其语文味教学理论与实践探索进行过深度报道。

三、名师教育观

（一）初步明确语文味概念的内涵和外延

程少堂把语文味概念的内涵界定为：所谓语文味，是指在语文教育（主要是教学）过程中，以共生互学（互享）的师生关系为前提，主要通过情感激发、语言品味与意理阐发、幽默点染等手段，让人体验到的一种令人陶醉的审美快感。

从外延说，语文味是语文学科工具性与人文性特点的和谐统一，是教学过程中情趣、意趣和理趣的和谐统一，是语文学科的特点和执教者、学习者的个性的和谐统一（这就意味着仅仅教出了一般意义上的学科特点的语文教学也不一定有语文味），是教师的教学激情和学生的学习兴趣、教师的综合素质和学生的文化素养、教师的发展和学生的发展的和谐统一。语文味是语文教师自我实现和高峰体验的产物。

语文课教学出语文味既是手段，又是目的。换言之，语文课教出语文味是手段，让学生成为学习的主体，学出语文味，最终具有人生幸福感才是目的。语文能力和素养本质上是一种获取幸福生活的能力与素养。因此，语文味的最高形式，主要体现在教师引导学生凭借自己的经历、阅历和文化积淀，去体味、感悟作品，引导学生在充分的思维空间中，多角度、多层面去理解、鉴赏作品，产生对文本的情感美、文体美和语言美的认同和赞赏，并产生强烈的阅读欲、创作欲。这样，在长期的濡染中培养学生的语感和美感，触发学生的灵感，丰富学生的精神世界，涵养学生优美的文明气质和优雅的文化风度。久而久之，学生身上洋溢着浓郁的语文味即文化味，学生的语文能力、语文素养和文化品位、健全人格层次得到了提升，同时也就意味着学生具有了获取人生幸福（特别是精神幸福）生活的能力和素养。

（二）以语文味为逻辑起点，构建有中国特色的语文教学美学新体系

1. 语文味具备成为逻辑起点的基本条件

（1）语文味反映了语文课程和教学的审美个性。既然汉语言文学的审美个性是“味”，那么，有充分的理由可以认为，以汉语言文学为主要内容的中国语文教学的审美个性也应该是语文味。

（2）语文味是中国语文教学美学体系的最高范畴。语文味是一个最高的抽象，是对语文教学审美个性的最高概括，因而具有本质性、综合性和简约性的特点。

（3）语文味概念内含着语文教学活动的一切矛盾的萌芽，潜藏着语文教学活动发展和转化的推动力量。语文味是语文教学过程中起着“细胞”作用的辩证范畴，它本身虽然十分抽象，但它却潜在地包含了语文教学中一切事物和现象及其矛盾或矛盾的萌芽。同时，它能把有关语文教学的各种新思想、新理念、新方法囊括进来，也能把古今所有优秀语文教师的教学艺术精华和语文教学改革中各家各派的长处吸收整合起来。它是一个类似生物学中的“细胞”、《资本论》中的“商品”、中国古典美学中的“味”，即能涵盖本学科所有其他概念系统的总概念。它

符合作为语文教学美学的逻辑起点的基本条件，是中国语文教育美学体系的逻辑起点、归宿点和立足点。

(4) 语文味符合历史与逻辑相统一的原则。历史在这里指语文教学的发生发展史，逻辑在这里指语文教学美学体系。汉语言文学的特殊审美个性决定了语文教学从它诞生的那一天开始，它的审美个性就是语文味。历史从哪里开始，逻辑也就从哪里开始。因此，语文教学美学体系如果以语文味为逻辑起点开始叙述，就能体现逻辑的与历史的进程的一致性，就能以逻辑起点的抽象所反映出的简单规定性，反映历史进程的起点所表现出来的简单规定性。

2. 以语文味为起点构建中国语文教学美学新体系

中国语文教学美学新体系的主要内容为：

(1) 语文味的本质与特征研究——主要研究语文味及其特点是什么。

(2) 语文味的生成原则研究——主要研究语文味是如何生成的。

(3) 语文味与情感激发研究——主要研究语文味与情感激发的关系，以及如何利用情感激发的手段教学出语文味。

(4) 语文味与语言品味研究——主要研究语文味与语言品味的关系，以及如何利用语言品味的手段教学出语文味。

(5) 语文味与意理阐发研究。

(6) 语文味与幽默研究。

(7) 语文味与玩教材——主要研究如何以审美的态度从多角度解读教材。

(8) 语文味类别（味类）研究——主要研究语文味有哪些类型。就目前我们的认识看，语文味主要有情趣、意趣和理趣三大类。

(9) 语文味的障碍（味障或味阻）及克服研究——主要研究为什么有些教师要么教不出语文味，要么语文味很淡，以及如何克服这些味阻。

(10) 语文味与各类文（语）体教学研究——主要研究不同的文（语）体教出语文味的方式方法。

(11) 语文味与语文基础知识教学。

（12）语文味与教师素质研究。

（13）语文味与教师性别研究。

（14）语文味与不同生源素质的关系研究，即重点中学和一般学校语文课分别如何教出语文味。

（15）语文味与多媒体。

（16）语文味与语文活动课研究。

由此可见，以语文味为逻辑起点构建的新的语文教学美学体系，与现有的语文教学美学体系有显著的不同，具体表现在：①它是一个既有传统文化根基，又有开拓创新的体系；②它是一个既有宏观研究，又有微观操作的体系。

（三）初步总结出语文课教学出语文味的基本着力点

1. 净化语文课堂教学的内环境

尽可能把不是语文或不具有语文味的东西清除出语文课堂，净化语文课堂教学的内环境，这是使语文课具有语文味的前提。

一是要知道哪些东西不属于语文。语文课不是政治课，语文课不是德育课，语文课不是审美教育课，语文课不是思维训练课，语文课不是天文地理课或其他自然知识课，语文课不是语言课，语文课不是语文知识课，语文课不是文学课。无论把语文课上成上述哪一种课，都与语文味背道而驰。

二是语文课不是其他学科知识的拼盘。语文课不是上述某一学科的代名词，也不能把语文课杂化为上述各学科知识的拼盘。目前在中学语文教学中，特别是说明文教学中，大量存在着过分关注课文中的自然科学知识，把语文课教成了天文课或地理知识课的现象。

三是语文课不是其他学科的“保姆”。语文课之所以存在，不是因为它是学习其他学科的工具，而是因为它有存在的独立价值，有独立的目标，它对学生的发展有其他学科不可替代的意义。语文课不是为任何其他学科服务的课。

四是语文教学不能机械化、模式化。按我们的理解，语文教学的本质与规律更接近艺术而非科学。就语文教学过程而言，过分强调科学化或模式化，不仅是非科学的，而且是反科学的。

2. 丰富语文教学过程

用语文独有的人性美和人情魅力去丰化和磁化语文教学过程，是使语文课具有语文味的核心。语文课独有的人性美和人情魅力主要体现为：教出情感、美感和语感的同时，积淀传统文化、丰富生存智慧、提升人生境界。

3. 提高语文教师的素质

提高教师素质，是使语文课有语文味的关键。

要使语文课具有语文味，必须从以下几个方面提高教师素质：一是语文教师要热爱自己的教学工作。二是教师自己要有语文味。是否读书，读书多少，是一个教师是否有语文味或语文味浓不浓的决定因素。三是因长施教。语文教师找到自己的特长，突出、强化进而扩展这一特长，就能教出有语文味的语文课。

四、名师课例及点评

（一）语文课中的爱情内容如何教出语文味

时至今日，还有人对在语文课堂上谈论爱情持否定态度，或者还要对爱情问题讳莫如深，那与其说是保守落后，还不如说是顽固不化。显然，今天我们要讨论的不是语文课上该不该讲爱情的问题，而是如何讲的问题。也就是说，我们需要用更开放的心灵来谈爱情。

何谓开放心灵？有一种理论认为，我们的心灵有无数条通道，这些通道的作用就是生命开启智慧，生命融入其他生命、融入社会、融入自然及宇宙的状态，通道的开通程度直接影响到生命的成长与进程。因此，开放心灵就是把这些通道打开，让自我与心灵能够进入社会、融入自然之中去汲取更多、更深刻、更全面、更充满智慧的整体的信息，同时让自我及心灵的认知信息也流向整体之中。开放心灵就是打开自我、打开心灵通往更广阔空间的各条通道，通道的宽度与广度、畅通程度决定自我及心灵的活跃与敏锐的程度。

我们知道，开放有两种形式，一种是社会开放，一种是心灵开放，而心灵开放难于社会开放。就中国语文教学的实际而言，由于历史的、现实的以及语文教师自身的种种原因，文本中本来少之又少的爱情内容没有发挥应有的教育作用，浪费了宝贵的爱情教育资源。对爱情内容的屏蔽，其结果是屏蔽了学生的心灵。中国青少年在爱情面前或在谈论爱情的时候普遍傻乎乎、“常戚戚”，我看与我们的语文教育长期排斥爱情教育有关。因此，我们需要用更开放的心灵来谈爱情。

所谓用开放的心灵来谈爱情，就是要求教师在语文教学过程中，恰当运用各种手段，激发自己同时引导学生突破心灵的封闭和桎梏，将心灵的每一个通道与文本中的爱情内容接通。只有这样，语文教学中的爱情内容才能生动活泼、摇曳多姿，才能教学出语文味来。

下面是程少堂在教《你是我的同类》时的教学片段。

师：……一个人的眼睛是能够代表人的精神世界的地方，诗眼就是诗的眼睛，也就是一首诗最精炼、最传神的一个字词，是整首诗的中心、主旨之所在或点题的地方。这首诗最后一句“不是吗，孩子”就是点题的句子。……我们把这句话里的“孩子”换成其他的词行不行？大家现在默读一下这首诗，根据诗的内容来看，你认为这个“孩子”可以换成哪个词？道理何在？可以互相交流一下。(生讨论)

生：我想可以改成“亲爱的”，(哄堂) 因为……

…………

生：我刚刚说过有两种观点，现在我要改变第二种观点。我同意那位男同学的意见。我也跟他一样，其实是现代诗看多了。首先，如果说把“孩子”换成“爱人”的话，它中间的确有一些诗句是相通的，比如说：“我都能听到你的呼吸，和你的手指在我的心上弹奏。”(笑声) 这都是属于这个类型的。还有最后一句：“有一天我死去，无论你在哪里，我都会安详地闭上眼睛，我始终都活在你的记忆里。”好像以前有一首古诗叫作《上邪》，里面的“山无棱，江水为竭。冬雷震震，夏雨雪。天地合，乃敢与君绝”(哄堂，掌声与笑声) 与这个差不多。

师：(兴奋地跺了一下脚) 啊，你还知道这首诗！……我们一般说情诗是爱情诗，但是往往可以广义地说，凡是写感情的诗都是情诗。我们这个班的孩子很聪明啊！人生在这个世界上会产生哪些关系啊？人和人之间，还有什么关系？

（学生齐答：亲情）

师：亲情、友情、爱情都是人和人之间的感情。那些草木、环境、大自然……还有其他的关系，就如对唯心主义者，信仰宗教、信仰神的民族而言，这首诗后面可以改成——（生答：上帝）“上帝”，对了。如果从伦理道德和审美来讲，最后两个字还可以改成“善良”“美丽”。“你是我的同类”，不是吗？只改这两个字，就是不改其他的句子，这首诗也还不差，也是可以的。这样读，才有点味儿。不是说其他的读法没味儿，这样读会激起我们的创造欲望。就是说，有时让自己创造性地加点东西或减点东西，味道可能不同，对吧？好，我们这个第二环节就到这儿。

课例点评

程少堂老师在教学中处理爱情内容时心灵比较开放，方法比较灵活，其主要特点是“化”：化爱情于语言，化语言于爱情；立足语文本体，上出语文味中的爱情和爱情中的语文味；力求给人强烈的语文美感和醇厚的情爱质感，在不知不觉之中提升学生的语文鉴赏能力和净化学生的情爱感受力。这个案例追求的是和“爱情”话题邂逅而不滞留于爱情，以大胸怀导引学生透视爱情、化解爱情、超越爱情，从个人之爱，到人类之爱，再到与大自然和谐之爱，力求使点拨如风过林梢，枝叶妖娆而天籁无声。

总之，要把语文课中的爱情内容教出语文味，就要以开放的眼光审视教材，以开放的心灵感受教材，以开放的方式处理教材，以语文化、艺术化的方式让美好的爱情世界和学生美好的心灵世界融为一体。当教与学和谐应答、和谐共振的时候，语文课中的爱情教育就达到了春风化雨的境界了，我们就能听到神秘的爱情世界发出的无尽的优美回声……

（二）从《荷花淀》看中国文化

语文味是理念而不是方法，它是语文教学的高品位与多品味的统一。语文教学只要或综合运用情感激发、语言品味、意理阐发和幽默点染等手段，或重点运用其中的某一种或几种手段，最终提高了学生的语文素养、丰富了学生的生存智慧、提升了学生的人生境界，或激发了学生学习语文的兴趣，教学过程让人感受到了教学个性或文化气息，让人产生诗意与美的感受，就可以说具有了某种程度的语文味。

语文味流派处理教学的一种方法是从文章、文学、文化三个层面解读文本。这里的文章包括文章的信息（材料、意旨、感情等）、体式（结构、语体、体裁等）、技法（篇法、段法、句法等）；这里的文学主要是指作为一种语言的艺术，语文教学中的文学教学主要探讨语文文本中语言的情境化、个性化、文学语言本身具有的形式美，以及如何运用语言手段刻画文学形象的问题；这里的文化则主要指反映一个民族的思维方式、情感方式和行为方式的深层结构。对文本作文章、文学的探讨，是语文教学中的常规。但是，在此基础上对文本作文化意蕴的探讨，是语文味教学流派的个性特点。

下面是程少堂在教《荷花淀》时的教学片段。

师：下面我请一个朗读能力好的同学读一读第1段。昨天我了解了一下，有位叫张晶的同学读得不错。张晶，你来读一下第1段，把诗的味道读出来。

（张晶音质柔美、充满深情地读第1段）

师：你的朗诵水平很高，但稍快了一点，如果你的节奏稍慢一点，那就更好了。你再读一遍。

师：下面同学们再自由地朗读1～3自然段，你们什么都不要思考，仔细体会一下它的韵味。不是说像诗一样的美吗？你们仔细品味它怎么像诗，怎么美。

（生自由朗读）

师：好的，大部分同学读完了。昨天晚上，我在家把第1段编排了一下。不是说孙犁的语言像诗吗？我一个字也没有加，把它编排成诗的样子。（老师放投影，第 1 段被改写成了诗歌）张晶啊，你带领大家读一下，领读。

张晶：（带学生逐句读诗）

月亮/升起来/院子里/凉爽得很/白天/破好的/苇眉子/湿润润的/正好编席/女人/坐在/小院当中/手指上/缠绞着/柔滑修长的/苇眉子/苇眉子/又薄又细/在她怀里/跳跃着……

师：孙犁的这篇小说开头是非常有名的，但是我读了大学以后还不知道它是怎么好，别人说好，我也跟着说好，我怕我不说好，别人说我没水平。（笑声）后来慢慢地读多了，才知道它好在哪里。它没有什么华丽的辞藻，纯粹是白描，像铅笔画的素描，但有内在的诗情和韵味，要慢慢地品味，要多读才能体会，所以我就不讲它，你们多读它。那么，这三段集中写的什么内容？我认为写的是两个大的问题。

（老师板书：人与环境）

一个是人——水生嫂，一个是自然风光，写得很美。抗日战争这么残酷，有这么恬静优美的环境吗？作家这么写是不是违反现实的呢？如果不是违反现实的，它的用意何在？有什么特点？

生：我觉得作者把景色写得这么美好，突然让我联想起艾青的一首诗，其中有一句是："为什么我的眼里常含泪水？"

师：（充满激情地衔接）"因为我对这土地爱得深沉！"嘿，很好！

生：（深受鼓舞）我觉得孙犁把这个土地写得这么美好，就会让人觉得，这么美好的土地会有谁不爱？生长在这片土地上的人们，理所当然会对它有很深的感情。（师：地灵人杰）我觉得这应该是所有抗日战士战斗的动力之所在。

师：说得好！（充满激情地）祖国的山河如此多娇，岂容日寇践踏蹂躏？就是这个用意嘛！她说得太好了，所以作家一点儿都不违反现实，所以这几段不能不要！

那么，这里写到这么美丽的环境，其中有水生嫂，这里人和环境之间是什么关系？你们用一个词概括一下人和自然之间的关系。

生 1：和谐。

生2：融洽。

生3：我觉得好像有很多种，有一种就是互相渗透。这里描写的那种环境，给人一种很恬美，也很平静的感觉。有时候我觉得这个女人很有中国情调。还有，看张爱玲的文章，说一个女孩子在那个社会，心和身体会深深地嵌在她处的环境中，拔也拔不出来。感觉人和环境应该是相互渗透吧，不只是人影响环境。

师：这位同学讲得太好了！她说这几段写人和环境之间是渗透关系，渗透关系在中国古典哲学里面叫什么呢？（板书：天人合一）天人合一，“天”是什么呢？“天”是自然，“合一”就是她刚才说的渗透关系。人和自然之间有很复杂的关系，但大体上有两种，一种是刚才大家讲的融合渗透的关系，一种是对抗的关系。高尔基的《海燕》，哪位同学记得？来，背几句。（学生杂言背诵）海燕是俄国革命者的象征，它是写人的，谁来背？背一句也行。

生：我只记得最后一句，“让暴风雨来得更猛烈些吧！”

师：“让暴风雨来得更猛烈些吧！”——这在孙犁的小说中是喊不出来的。那个海燕和乌云是一种什么关系？对抗对立关系。在传统的中国文学当中，在典型的中国意境当中，一般来说，不出现这种意境，而是在人和自然之间强调一种融合的关系。月亮升起来，他写得月白风清。我改一改，改成：“乌云翻滚，电闪雷鸣，忽然一声炸雷，女人慌慌张张跑到屋子里。”（笑声）或者写女人很坚强，可以改成：“一声炸雷，几个雨点敲打在女人的脖子上，女人仍然在屋檐下编着她的席子，席子在闪电的照耀下就像刺向日本鬼子胸膛的刺刀。”（哄堂大笑）孙犁的小说民族色彩浓郁，他不喜欢写那种和大自然急剧对立的环境，他所有的作品，基本上都是这种风格。所以，我们用一个词来概括，人和大自然间是什么关系呢？就是同学们讲的和谐。（老师板书：和谐）这是中国文化的一个基本特点。现在西方还在学中国这个特点，包括成立环保局。人是大自然的一部分，人是大自然的产物，所以，污染了大自然，糟蹋了大自然，就是污染、糟蹋了人类的生存环境，污染、糟蹋了人类自己。

这里，我穿插一下，芦苇，在中国自古以来是个很典型的意象。大家知道，写杨柳代表什么？

生：送别。

师：杨柳依依，随风起舞，好像缠绕着你，不让你走哇！写水的时候，那种水的柔情，是一种意象；另外，水可载舟，亦可覆舟，势不可当，也是一种意象。中国古典文学当中，有许多基本定型的意象。芦苇在古代叫蒹葭，《诗经》中有一首《蒹葭》——

生：蒹葭苍苍，白露为霜。所谓伊人，在水一方。

师：太好了！后来琼瑶写了一本小说叫什么？

生：（齐答）《在水一方》。

师：《在水一方》的电视剧主题歌，琼瑶是根据《蒹葭》这个意境来改编的，有两句我会唱，唱给你们听听。我唱得不好。（老师深情唱道："绿草苍苍，白雾茫茫……"学生高兴，鼓掌，欢呼）

师：（充满激情地）从《诗经》到《在水一方》，芦花在中国文化当中象征着爱情。芦花圣洁，芦花凄幽，在芦花荡，发生了多少动人心弦的爱情故事。在这篇小说中，孙犁写了芦花荡、荷花淀，通过跳动在女人怀中的洁白的苇眉子、飘落在女人发际之间的芦花，我们可以看见，它交织了多少当时中华民族的妇女们对丈夫的思念之情，对正义战争的支持——凝成了一曲荡气回肠的战火中的爱情之歌。

自然和环境之间的关系是和谐的，那么，我们再看，这篇小说写了很多人，写了很多人际关系。那么，写了哪些人际关系呢？写了父子关系。水生回来说："爹哪去了？""爹已经睡了。"还写了夫妻关系，还写了那些女人之间的关系，还写了男人和男人即战士和战士之间的关系，还写了那些战士和他们妻子之间的关系。但是，我现在要同学们具体地通过语言的品味，来说一说这篇小说写人和人之间的关系有什么特点。各种人和人之间的关系有一个共性，我们要具体地说。大家先看教材，看对话。

师：首先我们来看一下夫妻之间，水生和他媳妇之间的关系。水生和他媳妇之间的对话，特别是他媳妇的话，非常简洁，但是又情意绵绵，是吧？我们看第2页："水生笑了，女人看他笑得不平常，'怎么了，你？'"这句话很多资料上都有。我把它改一改，两种说法。一种是把“你”字去掉，改成：“怎么了?”另一种是把主语“你”提到前面去，改成：“你怎么了?”它有什么不同，表达的感情有什么不同?

生：少了一种夫妻之间的关怀，还有她对丈夫的一种挂心的感觉。

师：比较焦急，是吧?所以她先把一种状态问出来，然后再说“你”。如果不要“你”呢——“怎么样?”“怎么了?”（学生七嘴八舌回答）啊，有同学说挺陌生的，好像不是很亲切。这位同学说硬了一点，这样说比较温柔，而且比较急切，这个你们自己体会一下。大家去问老师问题的时候，有两种问法。“老师，请问这个问题，我不大懂。”这是一种问法，这比较好。还有一种问法是：“这个问题我不大懂，老师。”这也可以，强调的是问题。但是不能说：“这个问题我不大懂。”行不行?不大好。

再往下看，女人低着头说：“你总是很积极的。”这句话，我有两种改法，丈夫要上前线去了，我这么改，女人说（撒娇地）：“不嘛，你不要走嘛!”（笑声）这样可不可以?（学生答：不可以）那为什么不可以?那是个什么形象?小女人，不关心国家大事，这是现在的说法，过去叫不明大义。

我再改一改，女人这么说（耍泼地）：“行啊!你走，我搬回我妈妈家!”（笑声）可不可以?也不可以呀，耍泼也不行。

接下来我们再改一句：“女人鼻子有些酸，但是她并没有哭。”我把它这么改：“女人的泪水直往下淌，她咬了咬牙。”可不可以?（笑声）中国文化有个特点，就是——（学生说：忍）忍，也是对的。孔子在编《诗经》时说了句话：“乐而不淫，哀而不——（学生齐答：伤）伤。”对，“乐而不淫”是“富贵不能淫”的“淫”，这里意思是乐而不过度，哀伤的时候也不过度。这个地方主要是表现觉悟了的中华民族的女性的精神状态。

再看第3页，“水生说：‘不要让敌人汉奸捉活的。捉住了要和他们拼命。’这才是那最重要的一句。女人流着眼泪答应了他。”这是表现了妻子对丈夫的忠贞。这句话，我把它这样改一改，看行不行，看是不是中国传统文化所要求的。水生说：“我走了，很可能回不来，因为要打仗了。要是我回不来，你也不要太死心眼，你看着办吧。”（哄堂大笑）这行不行？不行。中华儿女，中华民族文化，不是这样。宁为——

生：（齐答）玉碎——

师：不为——

生：（齐答）瓦全。

师：宁可站着死，——

生：（齐答）不可跪着生！

师：对了，说得很好！我再改一句，第3页，“全庄的男女老少出来给他送行”改成“大部分人出来给他送行”，行不行？全庄人出来说明什么？中华民族同仇敌忾，历来如此。我们是全力以赴，神州团结如一人，试看天下谁能敌！

还有好多，你看这些女人之间的关系。我们小说中的女人闹矛盾没有？（学生答：没有）她们之间的关系，用一个词概括一下，夫妻之间，人与人之间，是什么样的关系？

生：和谐的关系。

师：非常好！人与自然的关系很和谐，人与人的关系也很和谐。但是有的时候，我们会自己跟自己闹别扭，自己跟自己过不去。这篇小说中，我们来看，人和自我心灵之间的关系是什么样的？

（老师板书：人和自我之间的关系）

师：人生在世，不可避免的有痛苦，有孤独，有彷徨，有空虚，有寂寞。有一本书叫作《向死而生》，是说人生下来就是往死那儿走的。庄子说：“吾生也有涯，而知也无涯。”我们经常就是引用这半句，并且把它解释为：我们的生命是有限的，而知识是无限的，所以要努力学习。其实庄子后面还有半句：“以有涯度无涯，殆矣！”就是说用我们有限的生命，去追求无限的知识，那太危险太蠢了。（哄堂大笑）庄子在这里有点消极。中华民族的文化，像所有的文化一样，有积极的一面，也有消极的一面。儒家是比较积极的，道家比较消极。人有时候需要一点乐观精神，特别是在受挫折的时候。中国人对待自己内心痛苦的时候，往往会用一种特殊的方式。课文中妻子送丈夫上前线，丈夫不知是死是活，回来的时候可能缺一条胳膊，断一条腿，是很痛苦的事情。但是我们能不能看出她们内心痛苦得不得了？

生：（齐答）看不出。

师：怎么看不出？举个例子说说看，在课文中找个例子证明一下。

生：第3页，最后一段："几个女人有点失望，也有些伤心，各人在心里骂自己的狠心贼。可是青年人永远朝着愉快的事情想，女人们尤其容易忘记那些不痛快。"

师：还有很多例子，由于时间关系，不一一列举了吧。有痛苦，也有孤独，但是不会呼天抢地地哭。我不知道你们看电影或电视时怎么样。我看电视，比较喜欢那种大悲大苦时欲哭无泪的表演，我最不喜欢那种电视里一个人很痛苦的时候，大风大雨，在闪电之中跑啊跑啊，在天地间大喊："天哪……"我觉得他不怎么痛苦，他还喊得出来。最大的痛苦是喊不出来的。中华民族是一个多灾多难的民族，但中国人对待自己的内心痛苦，有一种特殊的方式，中华民族强调的是"乐而不淫，哀而不伤"，中国人很会调节自己的内心世界和情绪，很会找到心理平衡，他们很乐观的——小小日本帝国主义能奈我何？（笑声）那么，我们实际上已经讲了，人和自己内心的关系，也是和谐的。

我们再穿插说一个例子。这里面讲女人去找她们的丈夫时的对话，有的比较忸怩，有的比较坦率，有的找借口，说是婆婆叫的，实际是她自己想看丈夫，很正常的，这是人之常情。要是丈夫走了妻子都不思念，那就不正常了，就糟糕了。（笑声）正是由于日本鬼子破坏了我们的幸福生活，我们才把他们赶走。但这些女人说得很含蓄，包括水生和他的妻子之间。为什么要含蓄？含蓄是中华民族传统文化的一个特点。我举个例子大家看一下。

（老师放投影：世上狮子爱麒麟，阿哥阿妹结同心。哪个先上黄泉路，望乡台上喊三声）

师：这是一首民歌。"世上狮子爱麒麟"，麒麟是传说中的一种动物，美的动物，这句比喻小伙子追求漂亮姑娘。"阿哥阿妹结同心"就是俩人很好啦，"同心"就是要好；"哪个先上黄泉路，望乡台上喊三声”，这表明海枯石烂永不变心嘛。我把它改一改。我把这四句改成：“我们两个下决心，马上登记去结婚。结婚以后不变心，哪个变心不是人。”意思一样，味道差些。含蓄、蕴藉、有味道，这是中华传统艺术追求的境界。

我们通过这一篇小说的研读，大致上带领大家从人与自然的关系来看，中国文化强调的是和谐：人和人之间的关系强调要和谐；人与自我之间的关系，它也强调要注意调节，心理平和，没有大悲大喜。所以中国古典戏剧都是“大团圆”的结局比较多。悲剧，真正的悲剧，比较少见，像《哈姆雷特》那样的西方式悲剧是很少见的。这是中华民族文化的基本特点。

（节选自程少堂：《程少堂讲语文》，语文出版社 2008 年版，第 114～124 页，有删改）

课例点评

这节课是在新版语文课程标准精神指引下的一节研究课，研究小说教学怎样教出语文味，怎样教出新意。程少堂老师认为，从某种意义上说，教学的艺术就是知道什么可以不教的艺术。在语文教学过程中，如果能把握一种新视角，就能开拓出一片艺术的新天地。传统上我们习惯于从社会学或政治学、广义文章学（包括语言学）等角度读小说，这个教学片段试图让学生通过对《荷花淀》的欣赏，学会用一种新的即文化学的眼光读孙犁的小说。情节、环境、人物性格当然是要分析的，但是是在文化的视野下分析（当然必须是文学分析），尝试把文、史、哲真正打通。

这个教学片段抓住人与自然、人与人、人与自我的三重关系，从文化的视角来重新解读《荷花淀》。程少堂老师先从中西文化的比较入手，一上课便向学生抛出一个问题：中国人和美国人在表达感情上有什么不同？一石激起千层浪，学生的思维立刻被激活。在学生列举了他们所观察到的现象后，程老师做了深入浅出的解释，引出课题——从《荷花淀》看中国文化。之后，程老师让学生反复品读小说开头三段的景物描写，接下来用投影放出了根据第一段改写的诗行，并让一位很有朗读天赋的女生朗读诗句。在这诗情画意的品味中，程老师让学生思索：这里人与自然是什么关系？并引导学生将这段文字与高尔基的《海燕》作比较，学生明白了：西方文化中人与自然的关系是一种对立关系，中国文化则主张人和大自然和谐交融，呈现出一种天人合一的和谐美。然后，程老师又旁征博引，从“芦苇”到诗经中的“蒹葭”，到琼瑶的小说《在水一方》，老师甚至用深情的歌声告诉学生：跳动在女人怀中的芦苇正是中国女人的爱情的象征。至此，女人的贞洁美好的情感在荷花淀的诗意环境中达到了和谐的统一。在这诗情画意的品味中，程老师引导学生思索：抗日战争如此残酷，为什么要写这种如诗如画的环境？学生的回答直指主题。接着，程老师又水到渠成地分析了小说中人与人之间的关系，即夫妻关系、父子关系、女人之间的关系、战士之间的关系，无不渗透着一种和谐美。更难得的是，程老师由小说中女人们的探夫不遇等情节，得出了中国人处理人与自我之间的关系仍是和谐美——乐而不淫，哀而不伤的结论。中国人表情达意的方式是含蓄而内敛的。这种对心灵的探索，是大胆而深刻的。

课堂上，程老师灵活运用直接和间接的比较，旁征博引，处处启发学生，表现出水乳交融的新型的师生关系：老师启发学生表现的是其个性、思想，而不仅仅是知识；老师不断地把学生引向求知的不平衡，学生的思想十分活跃，老师在此不是知识的判官，倒成了智慧、风趣的精彩点评人；本课注重的是非知识目标，小说不过是老师启发学生思维的一个载体。这节课上出了文化品位，上出了启发性，上出了冲击力，上出了老师的个性魅力。它打通了文、史、哲的界限，从大文化的角度引起了我们的思考，长期受此熏陶，学生定将受益匪浅，并可影响其终身。

（节选自小舟供稿：《但开风气不为师——程少堂老师〈荷花淀〉公开课纪实》）

五、课后实践任务

（1）课后学习程少堂《诗经·子衿》教学实录，思考这个课堂实录是如何体现语文味教学理念的。

（2）程少堂说过："有的名师的公开课是让人仿的，有的名师的公开课是让人想的。"你认为程少堂的公开课是怎样的呢？

（撰稿：滕达）

第十二讲　熊芳芳与生命语文

一、学习目标

（1）理解生命语文教育的主要内涵。

（2）理解实践生命语文教育的主要形式。

（3）能将生命语文教育观融合于自己的语文教学实践中。

二、名师简介

熊芳芳，笔名麦子，是新时期第三代语文名师的重要代表，生命语文理念首创者，统编高中语文名著阅读图书主编、“百年中国语文人”、2018“阅读改变中国”年度点灯人、全国文学教育名师。曾获第三届“语文报杯”全国青年教师课堂教学大赛一等奖第一名，四次获全国课堂教学大赛一等奖，录像课《行道树》曾在中国教育电视台西部教育频道《走进新课程》栏目播出。应邀赴新加坡及国内各地讲学400余场。发表论文400余篇，指导学生发表文章500余篇。出版《生命语文》《语文不过如此》《语文：生命的、文学的、美学的》《语文审美教育12讲》等专著。

三、名师教育观

（一）生命语文的内涵

什么是生命语文教育？熊芳芳认为就是以生命为出发点，遵循生命的本质属性，与生活牵手，让生命发言，让语文进入生命，唤醒生命，并内化为深厚的文化底蕴和丰富的人格内涵，是为帮助学生认识生命的美丽与宝贵，探索生命的方向与意义，提升生命的质量与品位，使生命变得更加美好、更有力量、更有意义而进行的语文教育。

生命语文是为生命而为的教育，也是用生命而为的教育。如何实现生命的意义呢？概括地说，就是在教育过程中教师与学生分别以远主体和近主体的角色进入源客体，即教材等教育资源，形成诸我共同体，在丰富绚丽的语文世界中，获得人与世界的亲近，获得个体精神的丰富，并最终获得一种优化了的高品质的生命形式。

1. 生命语文的两大特性

生命语文有两大特性：一是生活性，二是生命性。

生命语文的生活性是指语文要与生活牵手。生活是语文教育的家园。语文具有工具性和人文性的特点，其人文性的追求离不开现实的生活。如果离开了现实生活，也就失去了语文的真实，抛弃了人类最真实的情感——平淡、苦闷、压抑、无奈、欣喜，语文也就变成了远离人间烟火的空中楼阁。语文所要表达的是对人间生活，诸如衣、食、住、行等日常生活的肯定。同时，语文又是对日常生活平淡的无意识的生活的一种抛弃，和对诗意生活的一种发现和创造。语文的存在就是要从纷繁的生活中发现美、创造美、体验美，使学生在真实的生命体验中向往着生命的辉煌。

生命语文的生命性是指语文要让生命发言。首先，生命语文是为生命而为的语文教育。生命语文的教育目标不再是单单指向字、词、句的获得，对语法的操练，不再是对课文的肢解与分析，而更强调生命性的感悟与表达，是为了丰富个体生命的内涵，为生命展现一种新的生存方式。语文是美，是文化的生活，是鲜活的生命。语文教育就是要在语文，包括语言、文章、文学中张扬受教育者的独特个性，激起情感波澜，点燃思想火花，让受教育者置身于生命存在之中去体验世界的活力、丰富和美，鼓励受教育者去创造和追求价值多元的人生。

其次，生命语文也是用生命而为的语文教育。对于教师来说，他们不仅仅是在用自己的知识与智慧，甚至不能仅仅用自己的爱心与奉献去教育学生，而必须用自己整个的生命去教育与影响学生。老师与学生都是在用自己的生命去全方位地进入语文，又从语文中得到丰富的生命。师生都是以平等的生命体的身份出现，自由交流，相互理解，相互欣赏，共同推进教学的进行。这样的教学是生命与生命的碰撞，心灵与心灵的沟通，其过程充满不确定因素，充满新的可能，这种过程本身就散发着生命的热力。

2. 生命语文关注的三大问题

生命语文关注三大问题，即生命意识、生命内涵、生命质量。

首先是用语文唤醒生命意识。熊芳芳认为，所谓生命意识，就是人的生命为了适应自身生存需要，依据先天的基因，加上后天的教化而形成的具有对客观事物进行解读、摄取、表现和改造的潜在的能量的灵智和欲求。生命意识包括从肯定、珍惜个人自我生命价值，到对他人、社会乃至自然、宇宙生命的互动与伦理关系等大生命的省思，以及对生死尊严、信仰的思考等。唤醒生命意识，需要教育学生认识生命、敬畏生命，教育学生热爱生命、欣赏自己，教育学生欣赏他人及自然界的一切生命。

其次是丰富学生的生命内涵。怎样才算有丰富的生命内涵？熊芳芳认为，至少有三个要素：丰富学生的内心世界、深厚的文化底蕴、多彩的生命体验。要丰富学生的内心世界，教师应该尽量用自己丰富的情感和美丽的内心世界去诱发、引导学生丰富的内心世界，使每一个学生都能充分认识自身人格发展中的能力、智慧，并具备好奇心、同情心、同理心、同感心、想象力等精神素质。要增加学生的文化底蕴，就应该如课标所言："关心当代文化生活，尊重多样文化，吸收人类优秀文化的营养"，"提高文化品位和审美情趣"，引导学生涵泳于古今中外的文化洋流。要使学生的生命体验更加多彩，就应该让学生有机会通过各种各样的方式拓展自己的生命空间，丰富自己的生命内涵。例如在阅读中体验，在活动中体验。

最后是用语文提升生命质量。提升人的生命质量，是要把学生的发展从知识层面提升到生命的层次，不仅关注学生知识的内化与生成，更要关注学生生命的成长与价值的提升。用语文提升生命质量，可以从三个方面实现：一是拓展生命的宽度，也就是让有限的生命活出无限的价值来；二是锻造生命的厚度，也就是要教育学生既能正确对待他人、社会，以及各种困难，同时又有自己的思考、选择和判断，培养学生独立自主的生命能力和独具个性的心灵品位等；三是发掘生命的深度，即要让学生的生活、思想情感、价值观与国家、社会、人类相连，有博大的胸怀、崇高的理想，有自信与谦逊的品质，有爱心和良心，能树立自己在时代中的人生坐标，懂得生的美丽和死亡的意义，正确认识生命的意义等。

（二）生命语文教育的主阵地

熊芳芳生命语文教育有三大主阵地，即阅读、课堂和写作。

1. 阅读

阅读大量的经典作品就是走进先贤和时贤，用他们健康和高尚的心灵世界去影响和规范学生的心理结构。所以语文学科先天的人文精神和生命意识是一个重要的教育资源。

熊芳芳认为，阅读的关键在于文本解读，而文本解读既要尊重文本的原味，也要读出文本的深滋味，还要读出文本的新味。

（1）尊重文本的原味，即对文本要有一个基本的尊重。要读出原味，首先就要咀嚼文字。需要通过咀嚼文字，品味语言，借助读者情感经验的桥梁，进入文本的意义和情感场。具体可以通过添加、删减、调序、置换、勾连、对比等方法对文本的语言进行咀嚼品味。

其次是知人论世。了解作者的身份，了解时代，知人论世，知其然，且知其所以然。具体包括了解时代的文化、时代的故事、作者或人物的性情、经历，了解作者与同时代其他人的对比或交集。

再次是以意逆志。语文教学中，教师应该教学生把自己当成作者或者作品中的人物，将心比心去领会、推测其在作品中所寄寓的情感，从而理解作品的内容和主旨。

（2）读出文本的深滋味。读出文本的深滋味需要有专业的修养，而且这种修养要循序渐进、不畏艰难地习得。读出文本的深滋味可以采用几种思考方法：幅集式、纵横式、俯瞰式。

幅集式思维是在众多的现象、线索、信息中，向着问题的某一个方向思考，根据已有的经验、知识，去得出最好的结论。对于文本来说，得出最好的结论就是挖掘其最深刻的意蕴。例如，熊芳芳解读黄庭坚的《清平乐》，其思考方向就是：这是不是一首简单的惜春之词？词人对春天的呼唤流露出了他灵魂中的哪几个层次的苦闷与求索？最终从众多语言现象中寻找蛛丝马迹，咬文嚼字，知人论世，以意逆志，分析词中的意象和隐喻，分析词对春天的呼唤的表层义和深层义，分析词人的傻痴和清醒，分析词人明知不可为而为之的执着追求的内在原因，聆听词人灵魂最深处的痛苦与呓语。

纵横式思维分为内联式纵横和外联式纵横。内联式纵横是在文本内部纵向关联对比和横向关联对比。

例如，熊芳芳解读《项脊轩志》，便有纵向关联对比：开篇在项脊轩中偃仰啸歌、意气风发的少年归有光和后文逐渐零落、孤身一人、万念俱灰的中年归有光对比。也有横向关联对比：对母亲、祖母、爱妻这三个女人的离世，归有光的心情和表现同中有异。外联式纵横是指不同文本之间的关联对比，即通过主题联想，纵横拓展，联系相关作品，利用思维整合实现阅读迁移和文本互补，这样，形成一个阅读链，学生所接收到的意义和情感场就会更加丰富，对文本的理解就会更加深刻。

俯瞰式思维就是站在高处思考。说明白点就是像上帝一样思考。只有攀至巅峰，才能看见全景。只有站在至高之处，以上帝的眼光和情怀，俯视这个世界，才能看见人性的真相和人类真实的生存处境。例如，熊芳芳解读《杨修之死》，她试图站在上帝的高度，看芸芸众生共同的生存处境：宇宙浩瀚，众生可怜。无论是杨修还是曹操，都逃不出物质生命的笼子，逃不出心灵欲望的笼子，谁也无法享有真正的自由。所谓生命，不过是各持一份相信，各得一份苦乐罢了。

（3）读出文本的新味。要读出文本的新滋味，除了需要生活的赋予，阅读的涵养，还需要让思维永葆活力，不拒绝随时随处的改变和一切不确定的生成。可以从三个方面努力：

一是理性审视。其关键是要能够入乎其内，也能出乎其外。先通过入乎其内的潜泳式解读实现与文本的互动与对话，从而理解作品的主题、作者的思想，然后出乎其外，跳出文本，从专业鉴赏的角度理性审视，从而发现视野以外的新东西。

二是感性共鸣。有些文本，单靠理性审视，根本发现不了什么新东西。看来看去，不过人云亦云。例如，熊芳芳解读《长亭送别》，她从结尾处崔莺莺那一段段发自肺腑的唱词读出莺莺的绝望，从绝望中看到了作品的悲剧美。这种悲剧美在于它使人产生深沉而巨大的同情共感和心灵震撼，并以其深刻的艺术感染力，引发人们深层次的思考。

三是知性推理。知性是介于感性和理性之间的一种认知能力。熊芳芳认为，解读文本需要我们对那些感性对象进行思维推理，结合我们自己的生命体验，将它们加以综合处理，最后才能得出合情合理的结论。

2. 课堂

在课堂教学中，教师应尝试着以生命为主题进行文本重组，体味、挖掘教材中的文化意识和生命元素，可以构建以生命为主题的多个专题学习：儒家文化与生命、道家文化与生命、西方文化与生命等。例如，结合司马迁的《屈原列传》、屈原的《离骚》，领略屈原坚持理想、特立独行的节操，“路漫漫其修远兮，吾将上下而求索”的生命姿态。我们可以将《庄子》中的《秋水》《逍遥游》，与鲍鹏山的《庄子：在我们无路可走的时候》结合起来阅读，从而了解道家“生死齐一”的自然生命观。

3. 写作

写作也是人诗性智慧的一种呈现方式，并且这种呈现是一种生命的需要。在生命语文的写作教学中，应当致力于养成学生高尚纯正的趣味。一个有高尚纯正趣味的人，必能发现或创造一个纯美的世界。同时，他所创造的这个世界也将反过来提高他的生命质量。

四、名师课例及点评

《促织》课堂实录

执教老师：熊芳芳

师：同学们，今天我们要一起来学一篇文言短篇小说。大家读过了吗？有没有预习？认真读了课文的举手。

（一部分人迟疑地举起手）

师：有一句话说，“中学生有三怕”，听过吗？

生（笑）：一怕文言文，二怕写作文，三怕周树人。

师：哦，那你怕吗？

生（笑）：这个是肯定怕的。

师：那么今天我们要讲一篇文言文的短篇小说，你怕不怕？

生（笑）：有点怕。

师：有没有想过，可怕的事物，我们为什么要接触，为什么要学呢？我们现在已经不需要写文言文了，我们为什么还要学文言文呢？想过这个问题吗？

生：我觉得学文言文可以帮助我们领会古人的思想，建立我们的价值观。

师：很好，还有吗？

生：我觉得这是我们国家软实力的一部分，我们每一个中国人都要牢记我们古代语言文字的魅力，无论我们走到哪个国家，走在世界的哪一个角落，我们都会为我们的民族、为我们博大精深的文化感到自豪，记得我们是值得骄傲的中国人。

师：太棒了！我们的文化，我们的语言，是我们的骄傲，是我们的标志，是我们骨子里最珍贵的东西。非常好，我发现你们真的非常优秀，回答问题能直击核心本质。学文言文不是仅仅为了认识几个字，理解几个词，或者说特殊句式，或者说它的用法，不是这样的。最关键的是，要直抵古人的心灵，要去跟古人交流思想，要去传承文化，非常好。但是，如果我们不理解这些字词，我们能不能抵达这个目的呢？

生（齐）：不能。

师：好，那么你们在预习课文的过程当中，有没有遇到什么字词的障碍？可以提出来，我们一起来解决。

生：嗯，我觉得就是最后一段这里："当其为里正，受扑责时，岂意其至此哉！天将以酬长厚者，遂使抚臣、令尹，并受促织恩荫。"这句话，我不太理解它的意思，不明白作者想要表达什么感情。

师：哦，"当其为里正"的"为"读错了，不是第四声，应当读第二声，动词，担任。"天将以酬长厚者"的"长"不读 cháng，应当读 zhǎng，她说这个句子她不理解，有没有同学能帮她解答？

（生沉默）

师：看来课文读得不熟啊。“当其为里正”，什么叫“里正”？

生：我觉得大概意思是村长。

师：嗯，她的理解差不多。里正，就是里长。明代的时候，以邻近的110户人家为一里。在这里边呢，会挑选那种家里人口多、土地也多的人家的主人来担任里长，并且这个里长的职务是会轮流更替的，任期满了会重新统计人口和土地，重新挑选。里长负责督管这110户人家的一些事务，包括缴纳赋税啊等等之类，也就是相当于刚才这位同学所说的村长。里长的职务是在官也在民。他自己本身是百姓，但是他在百姓当中又是一个小头儿，得负责上下的交接，所以成名的工作往往是两头受气的：催缴赋税，他可能做不到；上级那边呢，他又要交差。在百姓这边，他是一个什么身份啊？是纯粹的农民吗？

生：他是准备考秀才的。

师：考中了没？

生：现在还没有考中。

师：看看文中怎么说的？“操童子业，久不售”，“久不售”是什么意思？

生：长期没有考中。

师：对，“售”本来是“卖”的意思，把自己“卖”出去，也就是让自己的价值得到体现。这里是引申义。好，成名是个读书人，长期没有考中功名，然后被推荐为里长。注意，文中用了一个什么词？当里长，是他自己愿意的吗？

生：不是。“报充里正役”。

师：哦，被别人把他的名字报上去充当里长，所以他是被动的。他这个人如果在官，是不是一个可能会去搜刮民脂民膏、中饱私囊的官？

生：不是。

师：为什么？

生：因为文中说了他“为人迂讷”，而且结合全文来看，他的为人是比较忠厚老实的，所以他可能做不到这一点。

师：对，他做不到。他本来手上有权力，但是他做不到跟那些猾胥同流合污，搜刮民脂民膏。他做不到！他“迂讷”，“迂”是什么意思？

生：迂腐。

师："讷"呢？"讷"是言字旁，什么意思？

生：不善言辞。

师：很好。为人忠厚，不善言辞。他有官职，但他不能用这个官职为自己谋利，反而给自己带来了什么呀？

生：麻烦和责任。

师：非常好。他无法督责别人交促织，他就自己怎么样啊？

生：赔偿。

师：倾家荡产，甚至家破人亡，并且他自己也"受扑责"。刚刚这位同学说她不懂"受扑责"是什么意思，谁来解释一下？

生：就是被杖击。

师：受杖击的责罚，受伤到什么程度？

生：文中说"两股间脓血流离"，就是他双腿之间流出了脓血。

师：因为杖责到这个程度，所以他也没有办法再去捉促织了。那么，最后他是怎样获得一只促织从而扭转全家颠覆的命运的呢？

生：他的妻子去询问一个驼背巫，为他占卜出了促织的地点。

师：求神问卜，获得了一只促织。是这只促织改变了他们全家的命运吗？

生：并不是。这只促织被他的儿子不小心杀死了，然后，他的儿子也昏迷过去……

师：怎样昏迷的？

生：他的儿子很害怕父亲会责怪他，自己逃出去，然后掉到井里了。

师：掉到井里了？想喝水然后靠近井边，不小心掉下去了？是这个意思吗？

生：文中似乎没有明确地说明他掉到井里这件事是怎么发生的。

师：没有说是怎样发生的？很好，这位同学很忠于文本，文本并没有明确说出成名的儿子是怎样掉到井里去的，所以她无法判断究竟是什么原因。你们怎么看？

生：我个人觉得，大概是这个儿子因为害怕父亲责备，所以选择了自寻短见。也有一定的、极小的可能性是意外，就像《雷雨》里面的四凤，就是情绪太激动了，不小心碰到电线就电死了。也有可能是他太过于恐惧，没注意到，意外事故，掉到井里去，也有可能，但是可能性很小。

师：你觉得更大的可能性是什么？

生：自寻短见。自杀吧。

师：自寻短见，你觉得前面有伏笔吗？前面有没有伏笔让你作出这样一种推断？

生：是有的，他父母的表现。他母亲当时骂他说，你这个祸根啊，你死期将至了。同样，他父亲的神态也是大怒，要找自己的儿子。就暗示了这个儿子很有可能是因为害怕他的父母责怪而选择了自杀。

师：因为他的母亲已经警告他了，是吧？看看母亲怎么说的："死期至矣！"你死的日子到了！果然母亲一语成谶。"而翁归，自与汝复算耳！""而"是什么字？

生：通假字。"尔"，你。

师：很好，通假字。你的父亲回来，自然跟你算账！那么，这个儿子就担心父亲回来会跟他算账，所以他害怕、恐惧，于是投井。这位同学认为这种可能性是最大的，而因为情绪激动不小心落井这种可能性是很小的。他依据文本中的伏笔作出推断，这个方法很好。儿子投井之后，故事怎样发展的？这位女同学接着说。

生：他后来变成了一只促织，并且非常善斗。然后，成名因此得到赏识，他们家也变得富裕了起来。最后他自己也醒来了，享受到了很好的生活。

师：这一切都是成名的儿子化为促织，斗败所有的对手以后，为他们赢回来的荣耀，是吧？

生：是的。

师：所以，刚才这位同学说这一句话不懂："当其为里正，受扑责时，岂意其至此哉！"现在可以理解了吗？

生：嗯，就是当他担任里长受到杖责的刑罚的时候……（这位同学迟疑良久，后面的句子她还是无法理解）他的想法是这样的。

师（笑）：“岂意其至此哉”到底怎么解释？“意”是什么意思？

生：得意，或者意气，神态。我觉得这个句子的意思是：他当时哪有像现在这样得意呢？

师：“此”是指现在的得意，是吧？当初受扑责，现在如此得意，“岂”是哪里，怎么，那么“意”到底是什么意思？

生：我觉得应该是“料想”的意思。

师：料想，为什么？

生：我觉得这句话的意思是说，他哪里能想到如今会是这样好的一种境况呢？

师：想不到还会有今天这样的好日子，想不到会有这么好的结局。好，非常棒。这样的理解才是对的，“意”是“料想”，哪里能料想到会有今天的富贵呢？再看后面的“天将以酬长厚者”，什么叫“长厚者”？

生：我觉得应该是忠厚老实的人。

师：很好。那么“酬”呢？

生：补偿。

师：补偿，或者说，我们说“酬答”“酬谢”往往都是什么意思？

生：报答。

师：好。酬答，补偿，都好。上天想要酬答、补偿或者回报忠厚老实的人，“遂使抚臣、令尹，并受促织恩荫”，于是使得“抚臣、令尹”……“抚臣、令尹”在文中是指那些因为促织而获得皇帝恩宠和赏赐的上等官员，他们因着成名的儿子——这只促织，而受到皇帝的赏赐，那些人跟着沾光了，文中说：“一人飞升，仙及鸡犬。”有没有发现这个句子暗含的意思啊？谁是人谁是鸡犬？

生：成名这一家人是人，那些受到促织的恩荫的、之前对他百般苛责的人是鸡犬。

师：很好，我们会看到故事里面有几组力量的对立。在这样的对立里面，有哪些特别触动你的人物或者场面？

生：我认为成名的妻子非常令我感动。因为在整个过程中，首先是她丈夫想要寻死，然后妻子劝说他要去尽力搜捕。即使他们已经到了山穷水尽的地步，妻子还是在背后默默地给予丈夫支持。

师：这个妻子让他感动。因为在山穷水尽，成名只想自尽的时候，他的妻子支撑他，鼓励他，妻子怎么说的呀，看看？

生：“死何裨益？”

师：“死何裨益？”“裨”是什么意思？看看它是什么偏旁？

生：衣字旁。补的意思。

师：“裨”就是补，“裨益”就是补益。死也是于事无补的，死有什么帮助呢？不如想办法。于是她才去求神占卜。妻子很坚强，有主张，能够支撑他，鼓励他。一个女性的形象，在古代往往是藏在男人背后的，但这篇小说中，这个女性，她是一个非常聪慧的、有主张的、坚强的人。好，还有没有什么特别触动你的人物或者场面？

生：我觉得是在成名抓到那只蟋蟀，他儿子失手杀死了那只蟋蟀，成名和妻子在井里发现了儿子的尸体之后的一处：“夫妻向隅，茅舍无烟，相对默然，不复聊赖。”他们本来是因为失去了那只蟋蟀而感到很愤怒，本来打算和儿子清算，但是发现儿子已经遭遇不测，他们顿时感到了更大的悲伤。我觉得那只蟋蟀是他们发达的希望，但儿子是他们生活的希望，他们还是将儿子看得最重。

师：非常好，她的一个短语“更大的悲伤”很触动我。促织其实也不是他们发达的希望，他们一开始并没有指望靠促织发达，他们只想怎样啊？

生：交差。

师：对，只想交差，没想发达。但是现在连儿子的命都没有了，这是更大的悲哀。但这是不是最大的悲哀呢？最大的悲哀是什么？儿子的投井是更大的悲哀，（板书：更大的悲哀——投井）最大的悲哀呢？你觉得？

生：我认为是这个社会的不公平。需要用人的生命为代价来换取自己的地位。我觉得社会体制的不公平是最大的悲哀。

师：社会体制的不公平，需要丧失生命，甚至丧失人性，扭曲灵魂来获得生存的机会以及发达的机会，所以他说这个社会的体制才是最大的悲哀。可见，投井不是最大的悲哀，最大的悲哀是“成虫”。大家有没有发现“成名”这个名字的玄机？我们有一句古话是怎么说的？十年寒窗——

生（低声接话）：十年寒窗无人问，一举成名天下知。

师：十年寒窗无人问，一举成名天下知。蒲松龄给主人公取名“成名”，（板书：成名）你觉得他寄托了什么样的意味？成名是个读书人，蒲松龄希望读书人能够怎样？

生：他希望读书人能够靠着自己的才华获得自己应有的地位。

师：很好，他希望读书人能够靠着自己的才华和学问获得自己应有的地位。然而如今呢？成名他获得荣华富贵的手段，或者说途径，是什么？是他的儿子“成虫”了。（板书：成虫）他的儿子成了虫，他，才能成名。他不是靠自己的学问，不是靠自己的苦读，不是靠自己的才华，他是靠儿子的成虫，这是一个很深的悲哀。我们看蒲松龄自己的经历。

（点击幻灯片）

师：19 岁应童子试，连中县、府、道的第一名，他是在家上学的那一种，他的父亲亲自教他，因为他的父亲请不起老师。他非常聪明，读书过目不忘，所以 19 岁就连中县、府、道的第一名，但此后屡试不第，一直到 71 岁才按例补了一个岁贡生，不是自己考上的，是朝廷针对那些读书很多年都没有考取功名的人，就给他们一个恩典，允许他们去上学。补了一个岁贡生，4 年以后就去世了。他是怎么去世的呢？“倚窗危坐而卒”，倚着窗，端坐着，去世了。他这一生都是非常不得志的，而他一生其实对功名还是很热衷的，他想要实现自己的价值。在他的作品譬如《叶生》中，就有这样的一种呈现。叶生也是一个读书人，很聪明，但是活着的时候一直无法考取功名，有一个名叫丁乘鹤的县令，一直鼓励他，帮助他，而他一再落第，终于一病不起。后来，丁公也因得罪了上司而不得不离开，走的时候他让叶生跟他一块儿走，想要继续帮助他考功名。但是叶生缠绵病榻，很久都不能起床，他说，你不要等我了，我生病了，已经走不了了。但是丁公还是不忍心走，就继续等。等了几天之后，叶生忽然来找他说，让你久等了，实在不好意思，现在我们一起走吧。之后叶生就一直教这个丁公的儿子，把他自己曾经写的文章全都拿出来给丁公的儿子去应试，注意啊，用他自己的文章给丁公的儿子去应试，居然一路绿灯！叶生说，这说明我之前屡试不第不是我的文章不好，只是时运不济罢了。我的文章能够让我恩公的儿子得到功名，我也感到很宽慰了。等到丁公的儿子得了功名之后，他就帮助叶生，让他也获得了功名，这时候丁公说，你回家看看吧，看看妻子、孩子。于是叶生回乡，妻子一见他，吓得手里的东西都掉地上了，说，你不要吓我们啊，你已经是死去的人了，为什么要来吓我们活人呢？你都死了四年了！一直没有下葬，是因为我们太穷了，孩子又太小。现在孩子长大了些，正想着要给你安葬，你怎么要来吓我们呢？叶生很惊讶，到房里一看，他的灵柩就停在那里，然后他"哗"一下就消失了，只剩下他的衣帽垂落在地，他的妻子就抱着他的衣帽哭，之后她问了驾车的仆人才知道事情经过。原来伴随着丁公而去，教导着丁公的儿子的那个人，他不是一个活生生的叶生，他只是叶生的什么呀？猜出来了吗？

生：灵魂。

师：对，灵魂。他的灵魂跟随着赏识他的知己而去，竟至于忘了自己是活人还是死人了，又回去找他的妻子和儿子。其实蒲松龄在很多的小说里边都表达了自己在功名方面不得志的一种愤懑，一种伤感，所以他用幻想的方式，让叶生用他的灵魂去实现梦想。我们来看看他怎么说的——

师："望望然"就是"扫兴"的意思，所以蒲松龄就是那个成名。在某些层面上，他就是那个"操童子业，久不售"的成名，一直没有办法获得自己应该拥有的价值认同。而成名，最终是通过儿子"成虫"，才能够一举成名，这真是一个莫大的讽刺。好，还有没有什么让你深受感动或者触动的地方？

生：我觉得他的儿子让我很受触动。我觉得就像之前说的，他的儿子可能因为害怕受责罚而自己投井了，但他后面又变成了虫去帮助父亲，这说明他很有可能不是自己投井的，确实是意外。我觉得他选择"成虫"，是因为他确实很感激他的父母，他并不是特别害怕他们。这个孩子为什么这么伤心？我觉得可能是在某一刻他觉得作为人还不如一只虫子，所以他宁愿成为一只虫子来帮助他的父亲、他的家人。这个孩子只有九岁，我觉得特别让我感动。

师：他认为，这个孩子想要以成虫的形式来帮助父亲。因为他觉得人还不如一只虫子，作为一个人他帮不到他的父亲，当他变成一只虫子的时候他才能够扭转他父亲的命运，所以他决定化为虫来帮助父亲。但是刚才那位同学又说可能他落井只是一个意外，前面我们已经依据文本推导出来了，应该不是意外。根据文本前面的伏笔，他应该是自己投井了，可是为什么他又要化为虫帮助父亲呢？他投井是为了逃避什么呀？

生：父亲的责罚。

师：那为什么他又要去化为虫帮助父亲？是什么让他发生的改变？他本来只想到自己，害怕父亲责怪，后来怎么又想要为父亲拼命一搏呢？当他跟所有的促织以及大公鸡作战的时候，我觉得这简直是儿子的一部英雄史诗！是什么改变了他，让他要去为父亲而战？

生：我认为是因为他发现自己死后，父母为他痛哭，完全没有责备他的意思，所以他感觉到他的父母还是很爱他的，在父母心中自己比已经死去的蟋蟀重要，所以他要变为虫子为父亲一战。

师：非常棒。她说他看到了他父母的悲伤，看到了父母把他看得比蟋蟀重要，看到了父母的绝望和伤心，文中怎么描写的？伤心绝望到什么程度？

生：“如被冰雪”。

师：“被”什么意思？

生：覆盖。

师：非常好。如此黑暗的绝望：“夫妻向隅，茅舍无烟，相对默然，不复聊赖。”“聊赖”是什么意思？

生：依赖，指望。

师：再没什么依赖和指望了，失去了希望。儿子化为虫就是因为看到了父母的绝望和伤心，所以他决定为父亲而战。我也是读到了这里就特别特别的感动，所以我做了一个小视频，我们一起来看看。

（视频略）

师：你觉得老师的这个小视频做得好吗？

生：好。

师：如果你觉得好，好在哪儿？如果你觉得不好，不好在哪儿？不要因为是老师做的就一切都好。

生：我觉得这个视频很真挚地反映出了孩子对父母的一种很深厚的感情，以及孩子的懂事，知道父母生活很艰难，而且懂得去感恩父母，报答父母，懂得用自己的实际行动去让他们过上幸福的生活。我觉得这个视频表现得非常到位。

师（笑）：那我觉得我很失败了。其他同学有不同看法吗？要不我们再看一遍吧，仔细地审视一下这个视频有什么好，有什么不好。

（再次播放视频）

师：说说看，哪儿好，哪儿不好？

生：我认为这个视频把我们这个课文里面的儿子解读得感人至深，体现出儿子和父母之间深深的爱，但是我觉得也有不好之处，我认为我们这篇课文的主题是为了讽刺一种社会现象：统治阶级的意愿可以改变底层人民的生活，底层像成名一样的普通人却不能靠自己的才华取得功名，而必须靠促织这种玩物。而且我觉得文章里面的情节是用来凸显这个主题的，而这个视频并没有凸显这个主题，相对来说，我觉得是偏离于主题之外的解读吧。

师：消解了主题，是吗？消解了主题的战斗性。还有其他想法吗？结尾，“从此，幸福地生活在一起”，你觉得可能吗？

生：我觉得这个视频到最后给出了一个像童话一样的幸福美满的结局，但是在这篇文章的社会背景下，这是根本不可能的。有多少人可以像成名一样，因着儿子成虫，自己最后成名，我觉得这是非常困难的。一个小家的幸福并不等于整个国家的幸福。所以，我觉得文章整体的基调应该是社会的黑暗是根本无法改变的，而不是像视频里最后那样“幸福地生活在一起”。

师：说得太棒了。我们会发现，这个故事只是一个虚构，是一个幻想，它就像叶生用他的灵魂去实现他的梦想一样，在现实世界中很难存在，非常困难。悲剧永远只能是悲剧，它不可能成为喜剧。童话式的结局是一种自欺，所以其实最大最大的悲哀是什么呢？（板书：最大最大的悲哀）有个犹太裔的政治思想家汉娜·阿伦特，她提过一个名词，叫作“平庸之恶”，（板书：平庸之恶）就是说在意识形态机器之下，人们消除自己的思想，对命令绝对地、无条件地服从，于是所有人都在无思想、无责任地犯罪，他们纵容、任由恶发展下去，每一个人都不去质疑。其实在成名的身上也有这种平庸之恶，大家发现了吗？当他的儿子被打捞起来气息奄奄的时候，成名还在想着怎么捉蟋蟀去交差，他从来没有质疑过官府是对还是错，他只认为自己有这个责任，这个差使他必须去完成，即使儿子还没有完全醒来，他也仍然马上要去完成这个差使，他没有质疑过这个社会。甚至蒲松龄也没有醒悟，他远没有认识真正的“天”。（板书：远没能认识天）他没有发现真正意义的上天是什么。你看他笔下的“天”，不过是怎样呢？占卜，帮助某一个人，帮助他逃避生活中的苦难。但是上天，我们认为它应该是一个什么样的化身？应该惩恶扬善是吧？但它并没有惩恶。它只是在拯救、帮助苦难中的成名，并且它帮助的方式，是让他的儿子化为虫，扭曲人性，以虫的方式去获得荣耀，获得拯救。所以，蒲松龄笔下的上天，其实是在纵容恶，它只是偶尔会保全和拯救一部分的善。我们看到这个社会，它是一个没有爱只有怕的社会。（板书：没有爱只有怕）成名活在恐惧当中，害怕不能交差，所以他在儿子奄奄一息的时候，还想着怎样去找一只蟋蟀，由此我们看到，最大最大最大的悲哀是什么呢？父性的缺席，人性的扭曲，神性的失位。（板书：父性的缺席，人性的扭曲，神性的失位）父性是缺席的，母亲反而比父亲更有主张，更坚强，这个父亲他没有担当。甚至于最后，他享受儿子带来的这些成果，“裘马扬扬”，这个“扬扬”，得意扬扬，究竟是成名真的得意扬扬啊，还是旁人感受到他得意扬扬啊，还是蒲松龄觉得他如今得意扬扬啊？不管是哪一种，这都是悲哀。一个父亲，享受着儿子人性扭曲之后的成果，而没有醒悟，没有对这个社会的质疑，这是一种父性的缺席。他还要靠儿子来拯救，儿子才是唯一的希望和活力，整个小说当中，儿子是唯一的希望和拯救，可惜，这又只能是一个幻梦，它是一个虚构，是一个幻想。而神性呢，是失位的，因为作者笔下的这个神，其实是善恶不分的神，是纵容天下之恶的神，纵容昏君继续行恶，所以我们在这里看到的，是一种深深的绝望。我们看到蒲松龄的这个故事其实是有原本的，这个故事发生的年代

是明宣德年间，就是宣宗在位的时候。（点击幻灯片）

师："经"就是上吊。跟这个故事是不是很像啊？蒲松龄做了一些改编。甚至于文人们还写作了《相促织歌》，来读读看——

（生齐读）

师：有没有感觉到讽刺啊？

生：在这件事情中，一个人，到头来还没有皇帝喜欢的一只虫子重要。

师：嗯，还没有一只虫子有价值。而且这些文人们用楚辞的文风来写一只蟋蟀，是不是觉得特别滑稽？在这个黑暗的社会中，人不如虫。阅读一篇文章，是有多种方法的。毕飞宇说过……

师：我看今天有些同学在读这篇小说的时候，发现了很多东西，很好。其实，阅读一篇课文，有几个层次。首先是理解性阅读，我们要疏通字句，能够察言观色，揣摩文意。就是你要理解作者想说什么，这是最基础的。然后呢，你也可以有自己的创造性的阅读，比方说我们发现儿子在文中看起来不是大量笔墨来表现的，更多的在写成名的纠结和痛苦，但是通过创造性的阅读，你会看见不一样的东西。最后呢，你可以有评价性的阅读，就是你对这个文本进行审美鉴赏和价值判断，你去判断它的写法，有哪些好的，哪些不好的，就像你们对我的视频的评价一样，有好的，也有不好的。所以，我们读一篇文章，要学会这三个层级的阅读方法。

师：好，今天的课上到这里，下课！

（节选自湖北大学《中学语文》杂志社主办的"新教材课堂教学演示暨新高考报告会"示范课，有删改）

课例评析

为了进一步了解熊老师教学艺术的特点，下面我们通过熊老师的一节示范课——《促织》来具体探讨。这一节课是2019年9月22日熊老师在湖北武汉举行的"新教材课堂教学演示暨新高考报告会"上讲的示范课。下面从生命语文教育的角度谈一下看法。

首先是体现了生命语文教育“让生命发言，用生命而为”的生命性特征。按照生命语文教育观，生命语文应该以生命为出发点，遵循生命的本质属性，与生活牵手，让生命发言，让语文进入生命，唤醒生命。熊老师在带领学生疏通文义、理清故事脉络后，将教学的重点放到了关注小说中的几个小人物上面，引导学生展开对人物性格与命运的讨论。比如对于成名的妻子，学生认识到她作为妻子在背后对丈夫的默默支持，使小说中的人物变成贴近学生生活的现实中人。熊老师敏锐地观察到学生极具现实感的情感体验，进一步与学生探讨，并认识到成名妻子是一个聪慧、坚强与有主张的人。一个小人物，却以其平凡人的品格给人带来不平凡的感动，这是学生、教师作为生命个体与小说中的生命个体的平等而又亲近的对话。这只是本节课教学中的一个片段，但熊老师对生命个体的关注可见一斑。

其次是文本解读的个性化与创新性。生命语文重要的主阵地就在于文本阅读。其中重要的一种思考方式便是俯瞰式思考，也就是站在高处思考，像上帝一样思考，以上帝的眼光和情怀，俯视这个世界，才能看见人性的真相和人类真实的生存处境。如果说对人物命运的关注仅仅停留于人物的现实处境，不能站在更高的高度，也就是不能“出乎其外”，那么我们对文本的理解难免会停留在人云亦云的阶段。对于小说主人公成名的理解，如果仅仅站在其所处时代环境角度，也难读出新意。接下来熊老师引导学生站在哲学的高度思考成名的人生悲剧。她引用犹太裔思想家汉娜·阿伦特的一句话，引起对成名命运悲剧的哲学思考。这就是关于“平庸之恶”的思考，也就是“在意识形态机器之下，人们消除自己的思想，对命令绝对地、无条件地服从，于是所有人都在无思想、无责任地犯罪，他们纵容、任由恶发展下去，每一个人都不去质疑”。成名的悲剧在于他在儿子奄奄一息的时候，还在想着怎么去捉蟋蟀，从来没有质疑过官府是对是错，只认为自己有这个责任，从没有质疑过这个社会。熊老师甚至认为，蒲松龄都没有醒悟，远没有认识真正的“天”，他笔下的“天”其实也在纵恶，只是偶尔会保全和拯救一部分善。在一个“没有爱只有怕”的社会里，最大最大的悲哀就是“父性的缺席，人性的扭曲，神性的失位”。至此，师生对于文本的解读，便早已跳出了一般人的理解，其高度、深度、厚度可见一斑，这主要得益于其俯瞰式的思考方式。顺便一提的是，熊老师在这里提到，蒲松龄没有醒悟，他没有认识真正的“天”。我个人认为，蒲松龄对封建科举制度的本质应该是有深刻认识的，他笔下写成名将命运寄托于占卜之上，并不代表蒲松龄自己也相信占卜，相信“上天”。

最后一点就是这节课课堂教学中预设与生成关系的恰当处理。熊老师自己也曾提到对《促织》这节课的看法。她上这节示范课之前并没有做任何铺垫，百分百的原生态。她说：“文言文教学如何做到文言统一，因言抵文，这一节学生未经预习的课，怎样迅速化解文字障碍，打通故事情节，嵌入生命，直抵灵魂，我做到了。”的确，熊老师这节课完全是原生态的课。熊老师在一场随性的聊天中开启课堂教学，课件制作简单但又不缺关键，敏锐地抓住学生学习过程中的灵光点切入教学。例如开头梳理文意时，抓住学生提出的一个疑问，即不解“当其为里正，受扑责时，岂意其至此哉!”从难点切入，既适当地发问、追问、促问，恰当适时地引导学生探求成名的身份、处境、遭遇，既疏通了文意，理清了故事脉络，又将学生引向对人物命运的思考，不着痕迹地将教学推进到又一个层面。类似的教学处理在此节课中还有很多。教师在课堂教学中突出学生学习的主体地位，又不失自己课堂教学组织者、引导者、促进者的角色特征。一节看似完全生成的课堂，其实巧妙地隐含着教师课前的预设。在课堂上，熊老师真正做到了收放自如。

熊老师这节课的成功，除了因为她对生命语文教育观念的践行，还因为她有深厚的学养、深厚的文本解读功力、敏锐的观察力。正因如此，熊老师才能在这样一节公开示范课中拥有这份自信与魄力。

（点评者：李志云）

五、课后实践任务

阅读熊芳芳的《生命语文》《语文不过如此》《语文：生命的、文学的、美学的》《语文审美教育 12 讲》等著作。

（撰稿：李志云）

第十三讲　王君与青春语文

一、学习目标

（1）理解王君青春语文的主要观念。

（2）理解王君青春语文的五大追求。

（3）能将青春语文教育观融合于自己的语文教学实践中。

二、名师简介

王君，女，汉族，出生于重庆綦江，语文特级教师，青春语文教学理念的首倡者。获评 2014 年首届全国中学语文界十大学术领军人物，获评 2015 年全国教育改革先锋教师，2016 年入选“百年中国语文人博物馆”。全国中学语文优秀教师，全国中学语文教改新星，省优秀班主任，省骨干教师。北京大学等全国几十所大学特聘“国培”专家教师，兼职硕士生导师。获中华人民共和国教育部首届国家级教学成果二等奖。多次获得全国课堂教学大赛一等奖。出版专著 19 部，公开发表各类教育教学文章上千篇，18 篇被中国人民大学报刊复印资料全文转载。

三、名师教育观

（一）王君的青春语文观

1. 青春语文的定义

所谓青春语文，其本质就是提倡通过激活汉语言文学本身的生命力等手段使语文教学过程保持青春状态，进而为教师和学生创造、保持、享受整个人生的青春状态（幸福人生）作准备。

2. 青春语文的达成

如何去达成青春语文的各级目标呢？如何激活汉语言文学本身呢？

青春语文强调四个方面的意识。

第一，咬文嚼字的文本意识。语文教学要拒绝“无土栽培”，语文教学要有语文味，这本是最基本的道理，但最基本的东西往往最容易被人忽略。相当长的一段时间，语文教学刹不住车，直奔浮华。文本成了课堂上蜻蜓点水的驿站，文字成了可有可无的装点。各种各样的包装让语文萎缩了本性，成全了时尚和流俗。多媒体等五色斑斓的非语文手段长驱直入，万马齐喑。语文教学回归文本，扎根于文字应该是语文教师的第一追求。

第二，平等和谐的对话意识。“对话”是新课改中最风光时髦的词语之一，但随着“对话”理念的登堂入室，语文教学也出现了新一波的混乱和恐慌。教师话语权的主动与被动丧失，学生对话方式的专制与散漫，对话内容的主题迷失，对话结果的华而不实等问题让语文界又大呼“狼”来了，于是对“平等中的首席”等新论调又开始了慌慌忙忙、措手不及的应对。理论总是处于反思和发展中，我们没有必要太惶恐，更不必做时尚理论的墙头草。我们应该坚守两点：一是坚信对学生主体地位的尊重是语文教学的起点。语文教学为学生服务，学生是语文学习的主人翁，这是亘古不变的真理。二是对话式教学可能出现的尴尬和突围方式有哪些？主动者和被动者的角色差异和角色轮换的奥妙到底在哪里？谁主导谁？谁是主体？思考的深入必将使实践更富成效。

第三，飞扬灵动的创新意识。语文教学要正本清源。让不少青年教师在改革的路上走得战战兢兢，一步三回头，五里一徘徊，这其实是一种不正常的现象。谨小慎微固然会不出差错，但永远开辟不出瑰丽的语文境界。我们应当对大刀阔斧的创新行为充满敬意，对创新过程中出现的问题给予包容和体谅。回归语言、回归文本、回归训练等关于回归的呼唤是理性的，是应该得到认可的。但是，这些对语文本质的思考，并不应该成为阻挡语文教学形式由单一平板朝着丰富立体发展的理由。在现在的语文课堂上，不是形式太多了，而是形式太少了。教学手段太单调，教学方式太老土，教学内容太陈旧。开发课程资源的一个重要方式就是开发教学方法。语文教学形式的创新不仅没有过时，而且才刚刚拉开序幕。作为青年教师，在这个问题上应该“固执”一些，因为青年就意味着活力和创新。“好马”不要吃回头草，要将创新教学坚持到底。咬文嚼字当然是对的，但咬文嚼字的方式不创新，学生就会烦咬文嚼字。尊重文本、尊重作者当然是对的，但挖掘文本、知人论世的方式不创新，有些文本和作者在孩子们的眼里就只会是一堆故纸和一个“故人”。对于中学教学而言，任何朴素理念的阐述和实践都要尽可能地飞扬起来，灵动起来，这是符合中学生身心发展的特质的。没有创新，语文教学的改革依旧不过是死水微澜。这是语文的险道，也是语文的必经之途。

第四，返璞归真的规律意识。优秀的语文课各有各的美点，各有各的巧点，这就是语文的魅力所在。比如，纯朗诵课可以以朗诵带动字词的理解，用最简练拙朴的手段激活学生的情感，达到教学的目标。我们以诵读这种语文教学的基本形式为把手，只要组织得当，同样可以有很好的教学效果，这是对语文教学规律的一种把握。又如，文言文教学中可以以课文为“小型根据地”，让独立的课文学习各自形成小小的“教学磁场”，以此在某一个侧面上解决语文教学“少慢差费”的痼疾，这也是一种规律。再如，班级语文学习制度的建立也让人浮想联翩。就像魏书生老师，根据本地学生的特点而引导学生真正地进入自学层面，并把这种自学制度化、规律化，那么，语文教学的局面肯定会有很大改观。这更是一种超越于一般语文教学法规律之上的规律。但令人可惜的是，在这个方面的探索上，魏书生似乎已经成为一种高度。在他之后，我们几乎没有看到在培养和管理学生良好的自学习惯上更成功的经验。教学方式要尽可能地有语文味，教学的内容要有开放性，教学的程序要逐步趋向于自动化。这些都是语文教学的朴和真，是语文教学的规律所在。我们还可以从各个角度去探索语文教学的规律，对规律的追求应该是语文人的终身追求。

就是在这样的思考和实践下，王君结合“导创教学”和“创新学习”的理论，总结出了青春语文创新的五个层次：在富有个性的文本解读中创新，在新颖独特的课堂设计中创新，在灵活扎实的语言品味中创新，在真诚迅捷的学情应变中创新，在语文学习规律的把握和健全的语文学习制度的建立中创新。这五个方面既呈螺旋式上升的关系，又是相互呼应、相互渗透的。总之，文本解读的灵透、教学形式的灵活、语言品味的灵动、学情应变的灵敏、规律把握的灵便，这五个层次的合力，就共同形成了青春语文课堂创新教学的魅力，这是青年语文教师教学追求必然要经历的五个阶段，也是青春语文不断超越、不断建构的过程。

（二）青春语文的追求

1. 追求之一：在富有个性的文本解读中创新

苏霍姆林斯基说："学生的学习生活的一般境界和性质，在很大程度上取决于教师的精神修养和兴趣，取决于他的知识渊博和眼界广阔的程度，还取决于：教师到学生这里来的时候带了多少东西，教给学生多少东西，以及他还剩下多少东西。对一个教师来说，最大的危险就是自己在智力上和精神上的空虚。"

每一个教师都渴望能够充分体现教师的尊严，充分展示教师的专业价值。只有当教师在教学过程中表现出了无可替代性，教师的专业价值才可能凸显。如果教师在教学中的作用可有可无甚至是假作为或无作为，那么，教师的专业价值肯定是缺失的。对语文教师而言，衡量自己在智力和精神上是否空虚，检验自己是否具有专业价值的第一个标志是：你是否拥有面对文本的力量。

每一篇教材的解读文章和助读材料都汗牛充栋，它们严重地干扰着师生的原始阅读感觉。面对教材，教师的专业价值最可能受到严重挑战。当我们从容地依靠浏览器搜索出关于文本的万千种解读和教案时，我们不要忘记了，剪切、复制、粘贴可能正在伤害我们的情感与思维能力。语文教师要在信息的汪洋大海中把握好自己思想的舵，要以文本为甲板，以寻找崭新突破口的理想为帆，争取在和学生共同冲浪的过程中为教学开拓出新的航道。

优秀的文本具有无限的生命力，我们的课堂，我们的学生，以及我们自己也都拥有无限的生命力——只要有了这个信念，我们就一定会在教材研读中发现越来越多的"好望角"，并因此为课堂教学开拓出新的航道。所以，青春语文提倡：语文教师要敢于独立面对教材，要敏锐地体察到传统解读和常规解读中的精华和误区，要善于把全新的解读通过具体的教学形式转化为学生自我的深刻体验。

教材的个性化解读乃是青春语文激活汉语言本身的生命力的第一步。

2. 追求之二：在新颖独特的课堂设计中创新

作为教学现场的课堂是一个多维立体的动态场，被新课程解放了的教学创造力，将在这里迸射智慧的光彩。创新的语文课堂的内核是师生的生命热情和智慧的投入。所以，教学中的追求目标有以下几个：

一是要让教学成为最优化的教学。让教学在最优化的信息时空中建构，在最优化的过程中推进，在最优化的生命活动中实现，在最优化的三维活动中发展。联想、想象、对比、情景化将是我们最常用的创新手段，整合学习、对话式学习、数字化学习都将是我们努力的方向。

二是要让教学由工具化的知识王国变为人性化的生命世界，要让奇思妙想撑开教学的降落伞，让每位学生生命的激情和尊严感在语文课堂上安全着陆。要还给学生自主性，让他们能够作出恰当的学习选择。要激发起每位学生的表现欲，满足其个性舒展、智慧绽放的需求。

三是要让语文课堂由同质思维的产床变为异质思维的摇篮。我们要让学生打破思维禁区，洞开思维空间，养成学生问苍茫宇宙、究天人之际的博大的人文襟怀。要鼓励学生摒弃单一的顺向的接受性思维方式，弘扬质疑、探究、批判等多种逆向思维方式。

当传经授道的讲堂变为师生共享的学堂，那么，语文教学的创新就走出了关键性的一步。

3. 追求之三：在灵活扎实的语言品味中创新

课堂设计的创新，来源于教师对语文和对生活的热爱，它是教师对校园生活和社会生活中的语文元素的巧妙应用，它实质上是生命激情的一种表达，它来自一种信念：我要把我的语文课上得与众不同，上得充满瑰丽的想象与青春的激情。这一层次的创新语文课的优点是热情活泼，丰富多彩，课堂时尚，极富动感，符合初中学生的年龄特点，易于调动他们的学习热情。但是，这种课的弱点也是明显的：一是教学活动化倾向过强，极易造成对语言文字的架空。二是创新的形式很有限，不外乎是画、演、辩、情景教学等。随着学生心智的逐渐成熟，这些形式的魅力也将渐减，因为学生对语文的热情不能仅仅停留在感性的形式上。

青年教师随着年龄的增长，随着教学艺术水平的提高，必然会提出如此追问：如何让学生既能享受到显性的语文之美，又能享受到隐性的语文之美呢？这时候，淡化形式，回归语言本质会成为青春语文课堂必然的自觉的追求。

陈钟梁老师说："语文课是美的，这种美潜伏在语言的深处。语文课首先要上出语文味儿，要上得朴素自然，要向学生传递语言深处的美。"这句话告诉我们，真正的语文课，应该脚踏实地地回归文本，聚焦于语言文字本身，凸现语文课堂的本色，着力于学生的语言"内力"。

也就是说，语文课必须要遵循从语言开始，最后再回到语言文字的原则。课堂教学的生动活泼、兴趣激发都应该以语言为基础。语文课要拒绝被异化为政治课、故事课、活动课、常识课。不管老师讲得多么有声有色，不管学生的发言多么踊跃积极，不管讨论如何紧张激烈，如果学生在语言文字的读、写、听、说方面收获不大，这样的语文课的繁荣就也只是虚假繁荣罢了。

对语文而言，较高层次的创新就是要突破传统的语文课上解读语文时"昏昏欲睡"的局面。那么，如何"创新"呢？青春语文追求：老师先要对文字有独到的感悟和发现，尽可能地为学生寻找一个最好的切入点，搭建一个富有匠心的语言领悟的平台，供学生曲径通幽。总之，老师要以语言解篇章，以语言绘形象，以语言激情感，以语言开智慧。

这种课堂创新，首先来自教师对既古老又充满朝气的永远在发展、在创新的祖国语言的创造性感悟。这个过程是教师自我修炼基本功的过程。文本就像是大海，老师真的就像海滩上捡拾贝壳的孩子，要想捡到珍珠，必须要有阅尽沧海的勇气。但是，这又并不是一个无法企及的高度，只要我们善于钻研，善于积累，就会发觉自己对语言的感觉越来越敏锐独到。

4. 追求之四：在真诚迅捷的学情应变中创新

上一层次创新的特点是语文课回归了本原，有了浓厚的语文味，语文学习有了可持续性发展的内在动力。其缺点是教师之悟在前，学生之悟在后，教师带路，学生走路。课堂的起点是教师预设的，整个课堂教学实质上还是由教师生成的。表面上是“导”，其内核还是“套”。

追求青春语文教学状态的教师必须要重新思考“循循善诱”这个词语。在多数人的词典中，“循循善诱”从来都是一个褒义词，但是，课堂上高度控制的导读将学生引向了单向思维的死胡同，难以激发学生质疑问难的兴趣和意识。老师那不无启发的循循善诱，反而会禁锢学生的自由思想。

创新还应该有更高的境界。这更高的境界就是在诚恳机智的学情应变中创新。这一类创新语文课的共同点是：师生与文本的初始对话一定要在教师和学生的对话之前。教师不给学生以有意暗示，而让学生的独立体验成为课堂教学的起点，并以此生成问题、生成课堂，教师再由此参与教学，帮助学生达到自己能够达到的较高目标。在这样的创新教学中，推进课程进程的原动力是学生的认知，教师只是课堂讨论的首席。教师和学生彼此独立而又追求和谐。在这样的创新课堂上，教师的智慧和学生的智慧进行着交锋、碰撞、融合与升华，这样教师才能真正具有批判精神和人道主义精神，才能善于对教材进行反思，才能真正地具有平等意识，才能在不断反省中彻底告别“思想霸权主义”，才能切实地把学生放在课堂教学的第一位。

5. 追求之五：在把握语文学习规律和健全语文学习制度中创新

如果说前几个层次的创新主要还是在单篇课文的教法研究上全力突破的话，那么，更高层次的追求应该是要求自己整体俯瞰初中教学，全面规划，让自己的教学摆脱零散、混乱、随心所欲的缺点，而逐步走向高屋建瓴的科学性。

青春语文的最佳状态是：主动探索语文知识的序列，搜索学生语文能力提高的规律，使语文学习从零敲碎打似的单项突破走向整合性、制度性、自主性。

具体做法是着力建设一个非常明确的语文学习制度，让玄妙的语文教学有章可循，让以前在学生心目中可有可无的语文学习能在一个相对稳定的轨道上运行，使学生学得到还看得到，对每一天、每一周、每一月自己必须做什么心中有数。让班级的学习秩序化、规范化、规律化。明确了宏观和微观的学习制度，就有可能使班级的语文学习逐步进入一种良性循环的状态，让语文的教与学既生机盎然又脚踏实地。

四、名师课例与分析

（一）学生课堂深度质疑的三个层次

所谓深度质疑，是指在课堂教学的过程中学生已经具有对文本进行反思意识的质疑。深度质疑是课堂教学中最富生命活力的时刻，是学生和文本的批判性对话，是较高层次的师生智慧交锋。细析起来，学生的深度质疑往往又呈现三个层次，因此教师的引导也应针对其不同特点，以求自然和谐，水到渠成。

以《爱莲说》的教学为例说明。王君上《爱莲说》一课时，学生的几处质疑颇有见地，很能展现教与学的层次。

1. 第一层次：学生品词生疑——老师举重若轻

生1：老师，我觉得“世人盛爱牡丹”的“盛”应该是“甚”。因为“甚”才表示非常的意思，这个地方用表示程度的词语来修饰比较好。

生2：是的呀，前文中“可爱者甚蕃”用的也是“甚”呢！

生3：我也同意。“盛”给人的感觉是多，比如“繁花盛开”，而“世人”已有“多”的意味了，后文应该紧接着强调“非常”才对。

师：那我们查查古汉语词典，看看古语中“盛”的意思到底是什么。

（学生纷纷兴趣盎然翻查字典）

生1：老师，“盛”的意思很丰富呢，既有“极力”的意思，比如“盛夸”“盛赞”，又有“范围广、普遍”的意思，比如“盛行”“盛传”。

生 2：噢，原来是这样。陶渊明用这个词语既照顾了范围，又照顾了程度，属于一箭双雕。

师（点头）：是啊，看来养成勤查字词典的习惯很重要啊！

在这个教学片段中，学生因为常规思维而提出问题，又因为跳出思维束缚而解决问题。虽然只是让学生查查字典而已，豁然洞开的却是学生的思维方式。此类问题的提出简而有味，教师的处理举重若轻。

2. 第二层次：学生对比生疑——老师点到为止

生：古人很讲究炼字，特别讲究语言的和谐、铿锵、优美。可是在"晋陶渊明独爱菊"和"予独爱莲之出淤泥而不染"中，一连用了两个"独"字，我觉得犯了重复的毛病。

师：同学们联系前后文讨论讨论。

生 1：两个"独"字表示只有自己和陶渊明的追求与普通人不一样。

生 2：是的，是为了强调自己和陶渊明卓尔不群的人生态度。

生 3：是不是还有一点儿两个人都很孤单的意味在里边？

生 4：这就把周敦颐自己和陶渊明划在了一个阵营，把他们和喜欢牡丹的"世人"完全区别开来。两个"独"夹一个"盛"，形成了鲜明的对比。

生 5：两个"独"字还写出了诗人心中的悲凉，"世人皆醉我独醒"嘛！

师：确实，两个"独"字有浓重的强调意味在其中。可是确实还是显得有点儿重复，我们可不可以帮助周敦颐修改修改。

生 1：晋陶渊明只爱菊。

生 2：晋陶渊明唯爱菊。

生 3：晋陶渊明单爱菊。

师：可不可以改后面一个？

生：当然可以。不过"独"字给人的感觉音韵很有力，汉字的形象也很挺拔，比"只、唯、单"等字都更有表现力，就不动它吧！（师轻轻鼓掌、点头表示赞同）

在这个教学片段中，没有视野的纵横跨越，不可能产生这样的问题——孩子们初步显示出了思维张力。查字典是不可能解决这类问题的，王君大胆放手，鼓励交流、鼓励体会品味，甚至鼓励修改原文。看来点到为止的引导往往更富活力。

3. 第三层次：学生错位激疑——老师画龙点睛

生1："予谓菊，花之隐逸者也；牡丹，花之富贵者也；莲，花之君子者也。噫！菊之爱，陶后鲜有闻。莲之爱，同予者何人？牡丹之爱，宜乎众矣！"这段话里，作者本来是先写菊，后写牡丹，最后写莲，可是最后三个句子中，为什么把牡丹放在最后了呢？这样和前文形成不了呼应关系，合理吗？

师：前文为何这样安排？

生1：前文的安排是按时间顺序，由晋到唐再到宋，这样安排有道理。

生2：最后这样安排是因为情感的需要，因为最后几句是情感的爆发点。

生3：还是全文抒发情感、点明中心的地方。"鲜有闻"和"何人"与前文的"独"相呼应，作者通过这三个句子明确地表达了自己的人生选择。

师：哪种选择？

生：敬慕陶渊明，为自己遗憾，为世人悲哀。

师：开头我们谈到作者用了两个"独"字形容陶渊明和自己的人生抉择的孤独，这二者完全相同吗？

生：不完全相同。陶渊明是隐居了，而周敦颐还得"出淤泥"，周敦颐并没有选择和现实世界相隔离，他必须在那个污浊的社会中做君子。

生：陶渊明的人生态度还有消极的一面，因为他毕竟"逃避"了，说得好听一点是"遁世"，而周敦颐没有，他是一个积极的战斗者。但他们都值得尊敬，因为他们都不愿随波逐流。

师：说得真漂亮！那这个不同对于最后几句顺序的安排有影响吗？

生：当然有。陶渊明是正面衬托，放在前边。世人是反面衬托，放在最后。作者把自己放在中间，是凸现自己人生观的需要。

生：在一敬慕一叹惋中，作者精神境界的高洁、人格的伟岸、理想的执着就被烘托出来了。

在这个教学片段中，这样有深度的问题必然来自学生对整篇文章的俯视，就教学的最终目标而言，这个问题象征着学生已进入了“不悱不发”的状态。这个时候，教师更需高屋建瓴地抓住时机，一鼓作气，点石成金，或者正面强攻，或者侧面夹击，或者围魏救赵，或者声东击西。总之，应对学生的高层次提问，教师的从容不迫就必然体现为知识嫁接的顺手拈来和点石成金的自然无痕了。

（二）教师深度导引的三个层次

在课堂教学之中，学生是否能真正成为学习的主体，往往决定于教师能否进行深度导引。所谓深度导引，就是教师在对文本和学生充分了解的基础上对课堂的一种机智应变。这种应变是在学生与文本的对话之后产生的，它贵在诚恳机智的学情探索和心心相印的平等意识。其特点是敏锐地捕捉学生的思维线路，巧妙地应用学生原有的知识基础，能动地尊重学生的理智情感，使课堂对话彻底脱离单纯的知识传授和平板的知识生成，而进入一种充满人性化的，游刃有余的，渐行渐深、渐行渐美的立体良性的智慧状态。以《与朱元思书》的教学为例：

1. 第一层次：左右衔接，前后贯通，打穿知识通道

比如学生问：“泉水激石”怎么不用“泉水击石”呢？“皆生寒树”中怎么用“寒”来形容“树”呢？“猛浪若奔”中的“奔”为何不可以理解为动词“奔跑”呢？

不要以为这只是简单的字词理解方面的提问。这些问题如果是以“激”“寒”“奔”如何解释的方式呈现，那么学生和文本的初始对话的质量还不算太高。但从问题本身的呈现方式来看，学生已经经历了对字词的初步理性思考和理性比较。这样的提问已经具有深度质疑的特点。在这种情况下，教师如若稍不注意，直截了当地简单告知字词意义，那么就堵塞了学生的思维通道，遏制了学生知识再生成的可能性，既不利于学生的思维习惯的培养，也大大减低了课堂容量的自然提升。

这时候深度引导的方法是：左右逢源，洞穿堵塞。

王君采用了联想式比较的方法给孩子们搭出理解阶梯。学习《观潮》的时候，不是有一句“震撼激射，吞天沃日”吗?《三峡》中不是有“至若晴初霜旦，林寒涧肃”的句子，也有“乘奔御风不以疾也”的句子吗？老师一提醒，学生就都想起来了，老师稍作点拨，学生一交流，问题就迎刃而解了。特别是对“激动”的“激”和“打击”的“击”的比较，课堂讨论很出彩。孩子们又翻字典又动脑筋，谈到了“激”字有飞花溅玉的美形和泠泠作响的美声，这一教学环节真是让人回味无穷。

2. 第二层次：整体俯瞰，推波助澜，丰富思维角度

比如学生问：文中已经用“窥谷忘反”和“望峰息心”两个句子点题了，老师也经常谈到“卒章显志”的问题，所以文章在这个时候戛然而止多好啊，为什么还要加一句景物描写“横柯上蔽，在昼犹昏；疏条交映，有时见日”呢？这会不会冲淡主题？

这个问题提得是有相当深度的，因为它来自学生对整篇文章的俯视，它显示出学生已经能够主动站在文本的高处对文本进行初步的整体审视。它也预示着学生已经脱离了零敲碎打的学习思考，而进入前后贯通的思维境界。当然，仅仅是站在门口还未升堂入室。这个时候教师易犯的最大失误就是，以为这是深度质疑中的高层次问题而唯恐学生理解有难度，所以情不自禁一讲为快。这样做的后果是：强行让学生的脚步停在了整体阅读的起跑线上，浪费了思维资源，让“灌”和“套”杀了回马枪。

这时候深度引导的方法是：将计就计，顺势挖掘思维潜力，拓开整体阅读的空间，让阅读难点不攻自破。

王君提醒学生，既然大家已经注意到了从整体上来俯瞰全文，那我们为什么俯瞰的角度不多一些呢？不仅可以从全文的开头结尾来俯瞰，还可以从本段的开头结尾来俯瞰；不仅可以从描写方面来俯瞰，还可以从情感变化方面、表达效果方面来俯瞰。多朗读几回后，孩子们的多角度俯瞰有了成效。有孩子说点题之后写景，可以淡化说教的痕迹，有“润物细无声”的效果。有孩子说，以景开头，以景结尾，做到了前后照应。有孩子说，从“猛浪若奔”“争高直指”“百叫无绝”的热闹回到

“在昼犹昏”的静谧，这和前文的“天山共色”“游鱼细石”的宁静是相吻合的，这样画面的淡入与淡出符合美学的原理。更精彩的是，一个孩子还发现了只有这样的清幽安宁、若明若现的景物描写才能和文中主人公“从流飘荡，任意东西”的心境相和谐。总之，这个问题的提出起始于整体阅读，深化于整体阅读，学生的问和教师的导都很让人难忘。

3. 第三层次：扩展空间，碰撞思维，营造探究磁场

比如学生问：“蝉则千转不穷”，书上说“转”是通假字，通“啭”，但是为何上学期我们在学《三峡》时，有个句子“常有高猿长啸，属引凄异，空谷传响，哀转久绝”中的“转”又没有说是通假字呢？

就这个问题本身来看，似乎仅仅也还属于字词句理解的层面，但是一旦深入，你就会发现不那么简单。这个问题的价值不在于问题本身，而在于问题折射出来的中国语言文字理解的多义性、复杂性。所以，在争论的过程中，孩子们各执己见，连王君也难以决断。这使《与朱元思书》的教学，出现了“群莺乱飞，杂花生树”的局面。

这时候深度引导的方法是：放手讨论，巧借外力，让思维尽情碰撞。

关于“转”的问题王君在课堂上就让孩子们求助于当时可能找到的好几本词典，说法却都不太一样。商务印书馆的《应用汉语词典》上“转”没有鸣叫之意，只有“啭”解释为：鸟声音婉转地鸣叫。商务印书馆的《现代汉语规范词典》的解释和《应用汉语词典》是一致的。上海辞书出版社1996年版的《学生古汉语词典》中明确标注：通“啭”。鸟、虫婉转鸣叫。举的例子就是《与朱元思书》中的这一句。但四川大学2003年版的《古汉语常用字字典》对“转”的解释是“鸣叫声的回转”。如果真这样就好理解“哀转久绝”之意了，但后边恰恰又有个例子，恰就是“蝉则千转不穷”，看来这本字典上是没有把这句中的“转”当作通假字的。而且，孩子们还发现，课本中是把“啭”当作名词“鸟叫声”来解释的，而文中显然应该理解为动词才合理。看来，要解决这个问题，还得请教更权威的字典和老师才行。

这是课堂上没有能够解决的问题，但就是这个“没能解决”，反而让教学呈现出了“天光云影共徘徊”的境界：学生带着问题进课堂，又带着问题出课堂，这不正是语文教学孜孜以求的可持续发展的内在动力吗？

（三）课堂对话中的有所为与有所不为

以《岳阳楼记》美文诵读课教学片段为例，这是一堂线条简单的纯朗诵课。基本教学步骤为三步：赏读，听著名朗诵家童自容的配乐朗诵；评读，畅谈对著名朗诵家朗诵的评价启示及反思；创读，自由设计朗读并展示。

1. 有所为：可以是对话中的点化

生：我很赞赏童自容老师对一个地方的处理。他读“先天下之忧而忧，后天下之乐而乐”和我的处理完全不同。

师：你怎么读的？示范一下。

（学生读得一句比一句高）

师：童老师是怎么读的，你也模仿一下。

（生读，第一句高亢，第二句声音较低）

生：我认为童老师读得很有道理，因为他这样的读法就表达了范仲淹更强调“忧”而不是“乐”，他忧的多而乐的少，他的生命中以忧为主。而按照我们平常的读法，强调的重点就在后一句，好像范仲淹更看重“乐”似的。

师：这个地方的处理确实耐人寻味，范仲淹一生忠直不阿，直言强谏，屡遭贬谪而九死不悔。一个官员，能做到“先忧”已经是不易，因为这必须有胆、有识、有志。而一个先忧之士，当他建立了功绩之后还能后乐，这种精神就更加难能可贵了。童老师以自己创造性的处理，深刻地表现出了范仲淹的思想境界的崇高，这确实给了我们不少启示。

在这里，王君一是让学生即时对比朗读，二是让学生即时对比效果，三是在学生谈出模糊感受的基础上给予比较准确的总结。这个教学环节相对来说比较完整，体现了师生之间对话的互动，教是“为”了学，但“为”得不重复、不累赘，“为”得很自然。

2. 有所不为：可以是对话中的放弃

这里讲的是一个没有完成的教学环节。本来这堂课的设计有一个拓展朗诵的环节。在“创读”的高潮——全文领诵齐诵结束之后，王君有一段声情并茂的独白：“千百年来，范仲淹‘微斯人，吾谁与归’的荡气回肠的询问回荡在我们的耳边，无数的仁人志士用自己的思考和行为回应着这千古一问……”然后，她引导学生朗诵二十句古代、近代、现代的著名爱国诗句，以升华学生的思维。而且王君最后还设计了一个余味悠长的环节，当最后一句“毛泽东说，为有牺牲多壮志，敢教日月换新天”一朗诵完，她不给学生以片刻休息的时间，紧接着问：“我们说——”

学生在刚才行云流水一般的朗诵中愣住了，不知道如何回答。这正是老师收束全课的好时机，她来一句：“大家想想吧……”全课在这里戛然而止，必然有“余音绕梁，三日不绝”的教学效果。

王君把这珍贵的最后的时间留给学生继续讨论，不需要那么一个光明的尾巴来拓展、来升华，不需要老师那么一段字字珠玑的独白来助兴——不是永远不需要，只是在这堂课的特定的对话氛围中不需要。如若硬生生地加上了，反而成了画蛇添足、弄巧成拙的败笔。有所不为才能有所为，这句话对于课堂教学永远适用。

（节选自王君：《王君讲语文》，语文出版社 2008 年版，第 70～80 页，有删改）

五、课后实践任务

（1）课后学习王君《让笔下多一点悲悯》课堂实录，思考这个课堂实录是如何体现青春语文教育观的。

（2）课后了解王君老师的人生轨迹，谈谈她的成长历程对你的启发。

（撰稿：滕达）

第十四讲　中学语文名师教学流派

一、学习目标

（1）了解主要语文教学流派的特征与代表人物。

（2）能对不同语文教学流派进行比较，理解其不同特征。

二、理论视野

所谓教学流派，是指在教学与教改实践中形成的具有显著风格并在一定范围内有广泛影响的教学派别。关于语文教学流派，于漪有一段话，可供我们作为理解的参考："我不敢奢谈流派，但主张语文教师要发扬自己的风格，有人对戏剧表演的流派提出如下标准，大致是：有继承，有创造发展，为同行和专家所承认，得到群众的欢迎和赞赏。这标准可以在一定程度上运用到教学风格上来。"根据于漪的说法，我们再结合具体的实际进行总结，我们认为语文教学流派至少有如下标准：第一，成功的课题教学是形成教学流派的基础；第二，在理论和实践上有继承、发展和创新；第三，教学风格显著并有自己的教学体系特点；第四，以某一个或几个教育实践家为典型代表；第五，在一定范围内有受深刻影响的教师群体；第六，有阐述该群体教学风格和教学思想体系的学术专著问世。

语文教学流派必须包含代表人物及其影响团队。所有流派的形成都需要有力的代表人物，以他们为核心形成有影响的团队。代表人物在教学流派的形成中发挥核心作用、带动作用、组织作用、辐射作用。正是在代表人物的作用下，才影响了他人、凝聚了力量。由于名师具有突出成就和重大影响力，所以他们自然容易成为某一流派的代表人物，甚至成为某一流派形成的直接动因。

在中学语文教学范围内，众多中学语文名师自成一派，或者成为某一流派的代表人物，下面我们做一个分类概述。

（一）情感派

其代表人物有于漪、欧阳代娜、程翔、董一菲、熊芳芳等。这一派流行时间最为长久，影响也最为广泛，其代表人物既包括第一代语文名师于漪、欧阳代娜，也有第二代语文名师程翔，还包括新生代的董一菲、熊芳芳等人。情感派语文课堂教学追求的是一种教无定法、学无定法的变化美，常将讲、思、答、议、评有机结合，取启发式、导学式、自学式等有效模式之长而自成风格，独为一体，也被称为“没有模式的模式”。于漪的著作《语文教苑耕耘录》于1984年出版，可算作情感派诞生的标志。

于漪认为，语文教育要直面于“人”，植根于“爱”，发轫于“美”，着力于“导”，作用于“心”。在她看来，情感既是手段，也是目的。因为语文教育不仅是认知教育，还包括思想教育、情感教育、审美教育。她认为，“教育是爱的事业”，“师爱超越亲子之爱，友人之爱”。所以，在于漪的课堂里洋溢着浓浓的师生情谊，这既是一种师生友情，又是一种长幼亲情。她强调“情是教育的根”，在语文教学中进行情感教育主要凭借语文教材，“诗文本是情铸成”，语文教材中所选的大多数课文，本身蕴含着作者丰富、健康的思想、情感，这是情感教育的源头活水。

（二）导读派

导读派是针对语文教学长期沿袭的“讲读”提出的一种新的教学模式。“导”指语文教学中教师的指导、引导、辅导、因势利导；“读”指学生在教师指导下的阅读实践，“导”和“读”构成师生互动。导读派教学法的创立者是钱梦龙，其代表人物还有黎见明、蔡澄清等。1985年，钱梦龙的《语文导读法探索》出版，标志着导读派的诞生。三主四式的教学思想与主张是钱梦龙导读法的要义，前面已有讨论。

蔡澄清的语文点拨教学法也在全国有很大的影响。他认为，所谓“点”就是点要害，抓重点；所谓“拨”，就是拨疑难，排障碍。蔡澄清对语文点拨法的具体操作做了一个总结：

一是依纲据本，因材施教。教师要根据教学大纲的要求，根据课本提出的教学内容，针对教材特点和学生实际需要，灵活运用不同的教学方法，点拨和引导学生主动进行学习。

二是相机诱导，适时点拨。这是点拨教学的精髓，它要求老师以学生为主体，充分发挥教师的主导作用，从教材特点和学生实际出发，抓住机遇，及时引导，针对需要，及时点拨。

三是点其要害，拨其迷障。它要求教师在教学中抓住重点，突出难点，通过点拨，拨开迷惘，排除故障，化难为易，拨疑为悟，豁然开朗。

四是画龙点睛，举一反三。教师要有的放矢，巧施点拨，片言居要，点石为金，闻一知十。

五是提高效率，发展能力。这是点拨教学的宗旨。

导读派的另一位代表人物黎见明在20世纪80年代首创中学语文导读法。从创新、进取、想象、综合、选择、批判、敏捷7个方面培养学生的自学能力和创造能力，即培养勇于创新的创造力，勇于探索的进取力，富于联想的想象力，善于概括推衍的综合力，巧于鉴别的选择力，长于评价的批判力和敏于发现的敏捷力。导读引导学生掌握学习方法，变“学会”为“会学”，有效地提高了语文教学质量。

（三）思维派

思维派主张发扬孔子的“愤”“启”思想，反对在教育活动中“唯书”“唯上”的思想倾向，主张在语文教学中以培养学生创造性能力为宗旨。其代表人物是宁鸿彬。1989年，宁鸿彬的著作《面向未来，改革语文教学》正式出版，标志着研究性语文教学模式的诞生。思维派教学法的主张有“未来教育观”“创造性思维教育理论”和“宁氏教学三原则”。

“未来教育观”主张教育要有预见性，要从未来社会对人才的要求着眼，要求教师在培养学生时注重以下三个方面：知识结构要突出实、博、专、新，能力结构包括语言能力、自学能力、思维能力、创造能力、实践能力，心理品质包括顽强意志、谦虚勤奋、谨慎细致、独立性。

“创造性思维教育理论”主张语文教育应指导学生创造性地学习语文，特别要求注意处理好求同思维和求异思维能力培养的关系。

“宁氏教学三原则”即“三不迷信”“三个欢迎”“三个允许”。“三不迷信”指不迷信古人，不迷信名家，不迷信教师；“三个欢迎”指欢迎质疑，欢迎发表与教材不同的见解，欢迎发表与教师不同的意见；“三个允许”指允许出错，允许改正，允许保留意见。

宁鸿彬认为，文章要由学生自己读懂，疑问要由学生自己提出，问题要由学生自己分析解决，知识要由学生自己发现获取，规律要由学生自己去概括掌握。教师只在指导上下功夫，他提出了通读—质疑—理解—概括—实践五步阅读法。

思维派的另一位代表人物是王大绩。王大绩提出：语文学习的自觉意识，类似一种学科专业思维，或称语文思维。常说的“语感”，不是头脑中自然产生的，也不是来自莫名其妙的感悟，而是长期对语文“学”与“习”的结果。要让学生在思维领域得到训练，提高学生语文能力的同时提高学生的生活思维能力，真正提高学生的智慧。语文学习的自觉意识涉及方方面面，是有规律可循的，在阅读和写作领域尤为突出。

（四）管理派

以魏书生、张富为代表。《班主任工作漫谈》《魏书生文选》是管理派诞生的重要标志。其特点是，将控制论、管理论运用于语文教育，把教育管理与语文教学结合起来，强调学生的自学能力和自我教育能力。主张把“自强”放在第一位，其次是“育人”，第三是“教书”。教学中主张民主和科学。魏书生认为，民主化主要是解决学生愿学的问题，科学化解决学生会学的问题，教师科学地教，学生科学地学。

教学结构上，管理派构建了旨在培养学生自学能力的六步教学法：定向、自学、讨论、答疑、自测、自结。

张富提出了“让学生都跳起来摘果实”的“跳摘理论”。其主张主要包括“跳摘理论”和“四分”教学模式。

“跳摘理论”主要有三方面的含义：一是对语文教学目标制订的过程进行新的界定和整合。张富把学生在教师指导下制订的通过努力能够达成的学习目标称为“跳摘目标”，把学生达标学习称为“摘果实”。二是正确理解班级“优生”和“差生”的辩证关系。三是指导学生自己制订“跳摘目标”。

“四分”教学模式是在“跳摘理论”基础上创建的课堂教学体系。其具体而言包括：一是班分六级，划定学生的基准底线，以作为他们的起跑线，教师指导他们分别制订“跳摘目标”。二是分组结对，建立班、组、对、个人四位一体的互帮互学网络体系。三是分学课和习课。四是分读、做、比、改四步，提高“跳摘”能力。

（五）语感派

语感派以洪镇涛为代表。马鹏举所著《教海弄潮》可以算作语感派诞生的重要标志。洪镇涛在 20 世纪八九十年代提出了变研究语言为学习语言的思想，学习语言以加强语感训练为切入口，引导学生遵循感受—领悟—积累—运用的途径学习语言，培养学生正确理解和运用祖国语言文字的能力。主张优化语文教学的基本程序，建立“感受语言、触发语感—品味语言、领悟语感—实践语言、习得语感—积累语言、积淀语感”的新模式。提出“三主一副”的教育思想：“三主”即以精粹语言（蕴含传统文化精髓的古代汉语精品的语言、目标语言、伙伴语言）为主线，“一副”就是语文知识，以增强对语言的理性观照为副线。

语感派不仅在中学语文教学实践领域产生重要影响，学界也对语感进行了深入的研究。如浙江师范大学的王尚文教授提出，语文教学的主要任务是通过言语形式来培养语感。他说：“语感教学是语文教学的‘纲’，其他的都是‘目’。纲举目张；否则，纲既不举，目亦难张。”“正如马克思所指出的，感觉是在自己的实践中成为理论家的，语感的创造只有在言语主体反复不断的感觉实践中才有可能。语文教学要达到创造语感的目的，首先必须创造言语实践的机会。”

又如浙江师范大学的李海林教授的著作《言语教学论》，为语感教学厘清了许多难题。书浓缩成一个公式就是“语文＝言语”，实现了对“语文＝语言”的历史性突破，把“言语”概念全面、完整、系统地引入语文教学，引起了教学内容和方法的重大变革。

语感教学走过了几十年的历程，在今天的新形势下仍是语文新课程的重要目标。义务教育新课程标准指出，“语文课程是一门学习语言文字运用的综合性、实践性课程”，学生要“有较为丰富的积累和良好的语感”，可见语感教学的确是抓住了语文教学的主要脉搏。

（六）语文味派

其代表人物是程少堂。语文味重视思想性和文化性，在教学中对学生进行文化观照是语文味教学的重要元素，也是其显著特色。程少堂在教学中“有意识探索一种文化语文风格，即从文章、文学、文化三个层面来解读文本，特别重视在文章、文学的基础上，对文本进行文化底蕴的解读，以期教出语文味来”。

其语文味教学的内涵是：在语文教学过程中，在主张语文教学要返璞归真、以臻美境的思想指导下，以共生互学的师生关系和渗透教师的生命体验为前提，以提高学生的语文素养、丰富学生的生存智慧、提升学生的人生境界和激发学生学习语文的兴趣为宗旨，主要通过情感激发、语言品味、义理阐发和幽默点染为手段，让人体验到一种富有教学个性和文化气息的，同时又是令人陶醉的诗意美感与自由境界。

（七）大语文教学派

以张孝纯、姚竹青为代表。其特点是，以课堂教学为轴心，把语文学习与各种学生活动，学语文与学做人，培养能力和发展智力以及读、写、听、说有机结合起来，对学生进行全方位的整体训练。提出“教大语文，育小能人”的观点。

张孝纯“一体两翼”的大语文教学结构以课堂教学为主体，开辟第二语文学习渠道和优化语文学习环境。姚竹青创立了“十能”语文教学体系：育能人、练能力、设能项、编能序、排能课、分能级、记能分、评能称、标能号、建能会。

（八）快速阅读派

以程汉杰、晏茂心、王学贤、潘意敏为代表，以人类大脑具有调动视觉扫描意识、摄取文字符号功能的巨大潜能为理论依据，通过强化训练，以提高阅读速度、阅读效率和阅读能力为主要目标，综合运用教育学、心理学、生理学、语言学、思维学、脑科学等学科的有关原理，借鉴国内传统的优秀读书方法和国外盛行的快速阅读法，综合我国中学生的阅读实际和现代汉语的特点设计而成。从激发学生的阅读积极性入手，以规律化和量化训练为主要手段，达到迅速提高阅读速度和阅读效率的目的。

（九）快速写作派

以杨初春为代表，以人的大脑具有快速编码功能的巨大潜能为依据，以有步骤地训练学生的快速写作能力为主要目标。他第一个提出了“小学 40 分钟 500 字”“初中 40 分钟 600 字”和“高中 40 分钟 800 字”的写作速度目标，并且创造了实现上述写作目标的 168 种快速写作的具体方法，而且创造了运用快速作文的方法训练学生的快速作文教学法。这在作文教学史上具有划时代的意义。

以上介绍了九大语文教学流派。其实，中学语文名师教学领域绝不止这些流派，我们也并不能穷尽每一种流派。而且，由于语文教学艺术的复杂性与丰富性，很多中学语文名师并不能明确地归入某一个流派，我们对于语文教学流派研究的目的在于梳理中学语文名师的整体状况，以弥补本课程只能探讨部分中学语文名师的遗憾和不足。这番梳理，也可以让我们认识到，语文教学领域内有众多的前辈与同行，为了语文教育事业的发展，都在努力地探究，无私地奉献，他们正是我们学习的榜样。

三、课后实践任务

（1）语文教学流派与语文教学风格有何区别？

（2）你觉得管理派和导读派有什么区别？

（撰稿：李志云）

第十五讲　中学语文名师的成长

一、学习目标

（1）了解中学语文名师成长过程的特点。
（2）树立成长为中学语文名师的志向。

二、理论视野

（一）中学语文名师的成长

语文名师的发展既需要个人的努力，也需要社会共同体的帮助。早期的语文名师大都走的是自主成长道路，而在当下，由于教育改革发展的需要，国家逐步建立起完善的教师教育发展与促进制度，为青年教师走上名师道路提供了有利的条件，语文教师可以走协同发展的道路。

1. 个人自主发展道路

从个人自主发展道路看，一位语文名师的成长需要具备以下条件：

一是在广泛阅读中提高语文教育学养。语文教师既需要具备专业的语文教学技能，也需要具备深厚的理论基础，包括教育教学的理论知识以及语言学与文学的相关知识，还需要具备其他各类社会文化知识，包括历史、哲学、政治、艺术、经济等各方面的知识。只有具备广博与深厚的知识储备，教师在教学中才能灵活运用，信手拈来，得心应手。语文教师要有深邃的思想，要在对社会、对人生有深刻把握的基础上理解自己所掌握的知识，形成自己独立的见解。语文名师在成长过程中对社会、对时代、对生活、对历史有着更加深刻和敏锐的把握，所以在广泛摄取知识的过程中比一般老师包含更多的反思和批判，获得了更多属于自己的独特体验。阅读对于他们来说是一种美的享受与智慧的启迪。正是由于具备了深厚的文化底蕴，他们的课才能上得生动活泼和富有思想。教师只有自己会读、多读、读出了自己的感悟，才会教学生怎么读，才能在语文教学中有自己的创新，形成自己独特的风格。

例如，于漪在单篇课文的教学中总能旁征博引，由此及彼，古今中外，游刃有余。其教学艺术来自刻苦的专业学习和大量的阅读。她在教《孔乙己》时，把古希腊的悲剧、莎士比亚的悲剧和易卜生的悲剧浓缩、升华为绝妙的警句，以新联旧，旁征博引，深入浅出。学生在老师的引导下，不仅感受到孔乙己悲剧的特殊性，而且能从更广阔的视野感受这一悲剧的普遍性，丰富与提高自己的情感体验。这一切得益于于漪渊博的知识、丰厚的人文素养、扎实的学术功底。

二是在教学实践中探索与提高语文教学艺术水平。语文名师都是在语文教学实践中成长起来的。只有积累了丰富的语文教学经验，培养了熟练的语文教学技巧，一名教学新手才能变成教学能手，才能成长为名师。只有在教学实践中，语文教师才能获得直接的教学经验，才能把掌握的教学理论转化为切实的实际技能，也才能发现自己的不足，进而改进不足；只有在教学实践中，语文教师才能进行教育模式的改造和创新，才能开展教学实验。许多语文名师的成长就是开始于语文教学实验研究。

例如洪镇涛为了提高语文教学的效率，早在20世纪70年代末，他便在自己所带的高中班上开展教学试验，将探索重点放在教与学关系的探讨上。他的教改极大地促进了学生语文学习的积极性，提高了学生的高考语文成绩。同时他还及时总结教改经验，提出了“四导”的方法，即用讲来导，用问来导，用读来导，用练来导，试图解决教与学的关系问题。改革的初步成功使他确定了今后教改的方向。他认识到，为了落实“教”学生学，必须改革课堂教学结构，建立一套新的课堂教学模式。他从实践中总结出一套“以教师指导下的学生自学为主要方式，以读写听说活动为基本内容，以思维训练为中心”的五环节结构模式。后来觉得“以思维训练为中心”的提法欠妥，又修正为“以语言和思维训练为中心”。也就是在此基础上，他后来提出了变“讲堂”为“学堂”的口号，也基本形成了他的语文教学观。正是在语文教学实践与教学实验中，语文名师创造了教育教学改革成果，也奠定了成为名师的基础。

三是在教学反思中总结并提高语文教学理论水平。每一个名师都有自己独有的成长道路，每一条道路可能不尽相同，但其既有偶然因素的影响，也有应然的内在规律。以钱梦龙为例，他把语文教师的成长分为四种境界：实验操作—经验积累—理论探索—形成自己的思想、风格和体系。这四种境界也是一个名师成长的四个阶段。实验操作阶段是新教师的入职阶段。新教师需要在具体的实践操作与体验中开启自己的职业生涯。这一阶段的教师能够上精彩的课，组织有效的训练，但由于对事物间因果关系的必要认识不足，教学的成败带有很大的偶然性。经验积累阶段的语文教师开始重视总结和积累自己的教育教学经验，自己从教学中认识事物之间的关系，但还不能认识事物的内在规律。达到理论探索阶段的教师能够在经验积累的基础之上，做进一步的理论思考与探究，能从日常教学中进行教学总结，形成反思意识。从现实来看，这一阶段的教师普遍遇到的困难是理论准备不足，研究视野偏窄，缺乏规范的研究训练，最终导致缺乏自己的研究问题，而难有自己的理论原创和建树。能够形成自己的思想、风格和体系的阶段是名师生成的阶段。这时的语文教师已经进入语文教学的“自由王国”，他们并不会刻意追求自己的某种教学理论和主张，而是将理论追求和主张融入每一个教学细节。其视野开阔，见解独到，个性鲜明，教学上挥洒自如，游刃有余，从心所欲而不逾矩，他们可能并不会宣称自己建立了某种教学体系，形成了某种风格，但我们可以从他们真实的教学实践中感受到他们个性鲜明的理论追求和教学风格。

2. 团队协同发展道路

除了个人独立成长模式，在当下，由于形成了良好的教育环境，青年教师完全可以借助整体的学术环境促进自己的成长，走上一条协同成长的道路。

为了促进语文教师的成长，目前我国已经建立起了比较完善的语文名师促进与发展制度，一些优秀的语文教师脱颖而出，成为各个级别或地域的语文名师。这主要表现为各级优秀语文教师的评选与激励，特别是对语文特级教师、语文名师的推评。为了推进教师们的共同发展，各地教育部门大力支持名师工作室的建立，以带动语文教师整体水平的提高。

那么什么是名师工作室呢？名师工作室是一个以课题研究、学术研讨、理论学习、名师论坛、现场指导等形式对内凝聚、带动，对外辐射、示范，引领教学改革，促进教师专业化成长的团队组织。名师工作室的任务就是努力培养一批具有良好道德修养、先进教育理念、厚实专业素质、扎实教研能力的教学中坚力量。名师工作室的基本功能是拓展名师自我发展空间，建立教师成长平台，开展学科教学示范，支撑学校不断发展，主持科研项目和提升学校影响力等。

名师工作室可以推动语文名师与青年教师建立良好的互动关系，帮助青年教师在成长过程中不断超越、领悟，从而在良好的氛围中脱颖而出。在名师工作室的框架下，获得成长的不仅仅是青年教师，名师自己也迸发出新的职业激情和学术创造力。

除了名师工作室，各级各类学校也有自己的学科带头人、骨干教师，这些也是促进青年教师成长的重要资源。学科带头人是集学习型、研究型和敬业型等于一体的教师。骨干教师是教师中的优秀分子，他们具备优良的素质，因而在教学活动中起着支撑、表率、指导作用，对教育事业的发展和教育质量的提高做出了较大的贡献。骨干教师对青年教师起着表率作用，也对青年教师的教育教学起着指导作用。

名师工作室在青年教师成长的四个阶段上的作用不尽相同。在实验操作阶段，主要是榜样的作用，既可以提供精神的支撑力量，也可以提供具体的教学方法与模式供其模仿和借鉴；在经验积累阶段，主要体现为指导、引领和协同的作用，使青年教师在正确的教学轨道上积累正确的、恰当的语文教学经验，少走弯路，为以后的发展提供有力的支撑；在理论探索阶段，主要体现为督促、鼓励和提点的作用，通过集体的力量帮助和促进理论与实践上的创新；在形成自己的思想、风格和体系阶段，主要体现为对话交流、共同研探，形成共同的进步。

学术带头人以及骨干教师立足于教学一线，是更多青年教师学习的对象。他们的教学经验立足于具体的环境，与本校或本地青年教师具有相同的处境，对于青年教师来说更具有学习的可行性、亲近性、便捷性、可操作性，所以他们可以组建切实可行的教学与科研团队，形成语文名师成长过程中的重要共同体。

名师工作室、学术带头人、骨干教师在不同的阶段为名师的成长起到不同的帮助与促进作用。他们为青年教师成长发展创设合作学习的氛围，青年教师在学习共同体范围内通过持续的合作学习，以及情感和良好关系的维系，其专业知识和能力可以得到全面提高。青年教师遇到教学中的问题，共同体成员可以互动交流，找到解决问题的办法，彼此相互受益。在这个过程中，教师在相互交流和沟通中获得心理支持，交流新的想法，通过分享材料和资源，一起计划和实施，减轻自己的负担，分享自己的快乐，共同营造轻松愉快的学习氛围。所以，它们都是名师成长的重要平台。

（二）新课改背景下的中学语文名师成长

语文新课程改革已经进行到新的阶段，新的教育教学观念与思想不断产生与出现，新时代科学技术的发展也影响了语文教学的方式方法，并对语文名师的发展产生了挑战。例如，一些语文名师的教学思想与教学观念可能会与当下新的课程理念产生冲突，原有的教学方法或教学模式在新课程背景下有可能显得不合时宜。因此无论是哪一个时期的名师，也无论是在多大范围内有影响的名师，一定要与时俱进，紧跟语文新课程改革的步伐，而不是故步自封、停滞不前。以新时期三大语文名师于漪、钱梦龙、魏书生为例，他们的教学观念就曾受到过新生代语文教师的尖锐批评。2004 年，《教师之友》杂志发表的三篇文章——《魏书生：技术主义与权威人格的末路》《于漪：一个曾经的偶像》《钱梦龙：方格之内的圆融》，对三大语文名师提出了尖锐的批评，从而引发了广泛的争议。站在不同的时代背景下，立足于不同的语文教育教学思想与观念，不同时期的语文名师的确会出现不合时宜的现象，这就要求语文名师不断反思与探究，跟上教育改革的步伐。

当下正在成长中的语文名师，更应该抓住语文课程改革的脉搏，其教学观念与教学方法应该是走在时代最前沿的观念与方法，应该是能引领当下的语文教学改革的，指向语文教学改革未来的发展方向的。自 21 世纪语文新课程标准颁布以来，掀起了又一轮的教学课改浪潮。语文新课标对语文课程的性质有了新的认识，指出语文课程是学习语言文字运用的综合性、实践性课程，也提出了语文课程新的学习方式，即自主、合作、探究的学习方式，提出语文素养的概念等。新的部编本初中教材已经在全国各地推广使用，部编本高中教材也在部分地区推广，部编本教材在编写与推广使用的过程中也实践了新的语文课程理念。例如1＋X阅读理念，在此基础上大力推广课外阅读、群文阅读、整本书阅读。高中语文课程标准在2017年颁布后，也提出了十八个学习任务群的学习目标。这些都是语文名师在成长与发展过程中应该注意的方面。具体说来，一些教学改革的热点与焦点应该成为语文名师的重要研究视域，例如，群文阅读教学、整本书阅读、语用教学、语文核心素养等都应该是语文名师在探讨语文课堂结构与处理语文教和学关系时的重要思考维度。

语文核心素养包括思维的发展与提升这一重要的方面。为了发展学生的思维，语文教学不仅要有教学观念与教学方法的提高，作为语文教师，还应该注重发展学生的创新性思维。例如在文本解读上，既要遵循文本解读的一般规律，又要结合学生的生活体验，发掘文本的创新性价值，培养学生的文本解读能力，从而促进学生创新性思维的发展。

此外，随着科技的不断进步，多媒体技术的不断发展，特别是“互联网＋”技术在社会生活中的广泛应用，语文课程的学习资源、学习方式也产生重要变化。传统的语文教学思维与观念将会发生重大转变，不仅直接影响语文课程资源的开发、语文课程的学习方式，还会对语文课堂的结构、形态、教学手段、教师角色等都产生深远的影响。所以，要想成为一名语文名师，必须适应这些新形势的发展要求，主动创新，寻求突破，如此才能成为新时代教育的领路人。

三、课后实践任务

（1）寻找身边的中学语文名师，了解其成长过程与教学特征，并向其学习教学方法。

（2）给自己设计一份语文名师成长规划。

（撰稿：李志云）

参考文献

[1] 于漪. 于漪语文教育论集 [M]. 北京：北京师范大学出版社，2007.

[2] 于漪. 于漪文集 [M]. 济南：山东教育出版社，2001.

[3] 李镇西. 李镇西与语文民主教育 [M]. 北京：北京师范大学出版社，2007.

[4] 李镇西. 听李镇西老师讲课 [M]. 2版. 上海：华东师范大学出版社，2018.

[5] 李镇西. 李镇西·我的语文课堂 [M]. 北京：光明日报出版社，2013.

[6] 程红兵. 程红兵与语文人格教育 [M]. 北京：北京师范大学出版社，2007.

[7] 钱梦龙. 钱梦龙与导读艺术 [M]. 北京：北京师范大学出版社，2007.

[8] 余映潮. 语文教学设计 [M]. 广州：广东人民出版社，2017.

[9] 余映潮. 余映潮的中学语文教学主张 [M]. 北京：中国轻工业出版社，2017.

[10] 于漪，刘远. 王君讲语文 [M]. 北京：语文出版社，2008.

[11] 于漪，刘远. 程少堂讲语文 [M]. 北京：语文出版社，2007.

[12] 张新洲. 中国当代著名教学流派 [M]. 北京：中国青年出版社，2001.

[13] 邹贤敏，董明旺，洪镇涛：打开“学习语言”的大门 [M]. 武汉：湖北教育出版社，2001.

[14] 曹明海，史洁. 名师透视：语文教学智慧篇 [M]. 济南：山东教育出版社，2008.

[15] 邵长思. 中学语文教学流派与教学模式研究 [M]. 广州：广

东教育出版社，2017.

[16] 熊芳芳. 生命语文 [M]. 桂林：漓江出版社，2017.

[17] 张正君. 当代语文教学流派论 [J]. 平原大学学报，2004 (1)：92-94.

[18] 董一菲. 董一菲讲语文 [M]. 北京：语文出版社，2008.

湖北省公益学术著作出版专项资金
Hubei Special Funds for Academic and Public-interest Publications

家教

实用方法与善教故事

黄泽夫　编著

華中師範大學出版社

新出图证（鄂）字 10 号

图书在版编目（CIP）数据

家教实用方法与善教故事/黄泽夫编著. — 武汉：华中师范大学出版社，2023.5

ISBN 978-7-5622-9971-4

Ⅰ. ①家…　Ⅱ. ①黄…　Ⅲ. ①家庭教育—教育方法　Ⅳ. ①G780

中国版本图书馆 CIP 数据核字（2022）第 239330 号

家教实用方法与善教故事

©黄泽夫　编著

责任编辑：罗　挺　　**责任校对：**王　胜

封面设计：胡　灿　　**插图绘制：**徐婧文　刘艺洁

编辑室：综合编辑室　　**电话：**027-67867370

出版发行：华中师范大学出版社有限责任公司

社址：湖北省武汉市洪山区珞喻路 152 号　　**邮编：**430079

电话：027-67863426（发行部）　　**传真：**027-67863291

网址：http://press.ccnu.edu.cn　　**电子邮箱：**press@mail.ccnu.edu.cn

印刷：湖北恒泰印务有限公司　　**督印：**刘　敏

开本：710mm×1000mm　1/16　　**印张：**20.5

字数：300 千字

版次：2023 年 5 月第 1 版　　**印次：**2023 年 5 月第 1 次印刷

定价：88.00 元

欢迎上网查询、购书